基因奥秘

THE ULTIMATE GUIDE TO YOUR GENES

[英] BBC《聚焦》（*Focus*）杂志 编

范全林 译

黄锦维 审校

人民邮电出版社
北京

图书在版编目（CIP）数据

BBC科技聚焦. 基因奥秘 / 英国BBC《聚焦》（Focus）杂志编 ; 范全林译. -- 北京 : 人民邮电出版社, 2021.8
ISBN 978-7-115-55413-0

Ⅰ. ①B… Ⅱ. ①英… ②范… Ⅲ. ①科学知识—普及读物②基因—普及读物 Ⅳ. ①Z228②Q343.1-49

中国版本图书馆CIP数据核字(2020)第233372号

内容提要

《聚焦》（*Focus*）是一本由英国广播公司（BBC）出版的有关科学与技术的杂志。该杂志涵盖了科学技术的各个方面，凭借知名学者和大众科学家的贡献，每期都会提供令人兴奋的前沿科学知识、尖端技术以及自然世界中的趣闻故事，以轻松愉悦的视角为读者展现了一个快速发展的科学世界。

本书是BBC基于《聚焦》杂志出版的一系列图书之一，主要介绍了遗传学的基础知识，并对一些前沿科学进行了通俗的讲解。书中专家们用严肃务实且深入浅出的语言，将复杂的问题变成了丰富有趣的知识，介绍了生物学新发现的实现过程，探讨了遗传学的应用及未来发展方向等。你只需有一个好奇的头脑，一份想要了解周围世界的欲望，便能轻松读懂本书。

本书适合广大的科学爱好者，尤其是对人体、基因、遗传等领域感兴趣的读者阅读、收藏。

◆ 编　　[英] BBC《聚焦》（*Focus*）杂志
译　　范全林
审　校　黄锦维
责任编辑　王朝辉
责任印制　王　郁　陈　犇
◆ 人民邮电出版社出版发行　北京市丰台区成寿寺路11号
邮编 100164　电子邮件 315@ptpress.com.cn
网址 https://www.ptpress.com.cn
北京宝隆世纪印刷有限公司印刷
◆ 开本：787×1092 1/16
印张：6.25　2021年8月第1版
字数：219千字　2021年8月北京第1次印刷
著作权合同登记号　图字：01-2019-6395号

定价：59.90元

读者服务热线：(010)81055410　印装质量热线：(010)81055316
反盗版热线：(010)81055315
广告经营许可证：京东市监广登字20170147号

序 言

生命的密码

1953 年，两位生物化学家——詹姆斯·沃森和弗朗西斯·克里克走进英国剑桥的一家酒吧，并宣称："我们发现了生命的秘密！"他们没有夸大其词，他们已经破解了脱氧核糖核酸（DNA）的结构，并由此揭开了生物是如何构成的、是如何自我复制的等众多谜团。他们的发现部分归功于罗莎琳德·富兰克林和她的博士生雷蒙德·戈斯林的工作，戈斯林拍摄了非常有名的"照片 51 号"，该照片中的内容是 X 射线穿过 DNA 样本后形成的图像。通过研究这幅图像，沃森和克里克推断出了 DNA 分子的双螺旋结构。

这一传奇只是历史上众多实例中的一个，在这些例子中，人们只有依靠他人的发现才能取得自己的突破——正如牛顿所说的那样："如果说我看得比别人更远些，那是因为我站在巨人的肩膀上。"这也是遗传学领域的实际情形——DNA 结构的发现使人类基因组最终得以破译，并使像羊这样的生物得以被克隆。

本书首先从遗传学的基本知识开始，解释了你可能听说过但可能不知道它们确切含义的一些术语——DNA、基因、染色体、碱基对、核苷酸、表观遗传学等。然后，我们将关注你的健康，以及遗传学的新发现将如何带来突破性进展，如治疗失明的基因疗法和对抗衰老的基因疗法等，还讨论了针对你基因组定制药品的新时代。最后，我们将展望从克隆到基因改造的遗传学未来。阅读本书将有助于你更多地了解是什么使你成为"你"，以及我们和地球上其他生物的未来。

丹尼尔·班尼特

BBC《聚焦》杂志编辑

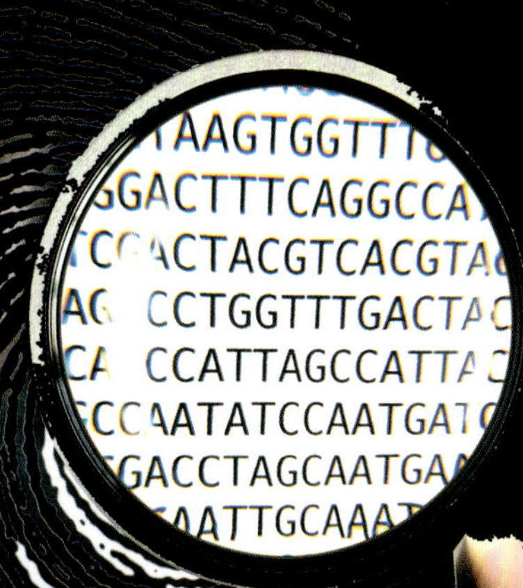

目 录

你的基因

你的健康

遗传学的未来

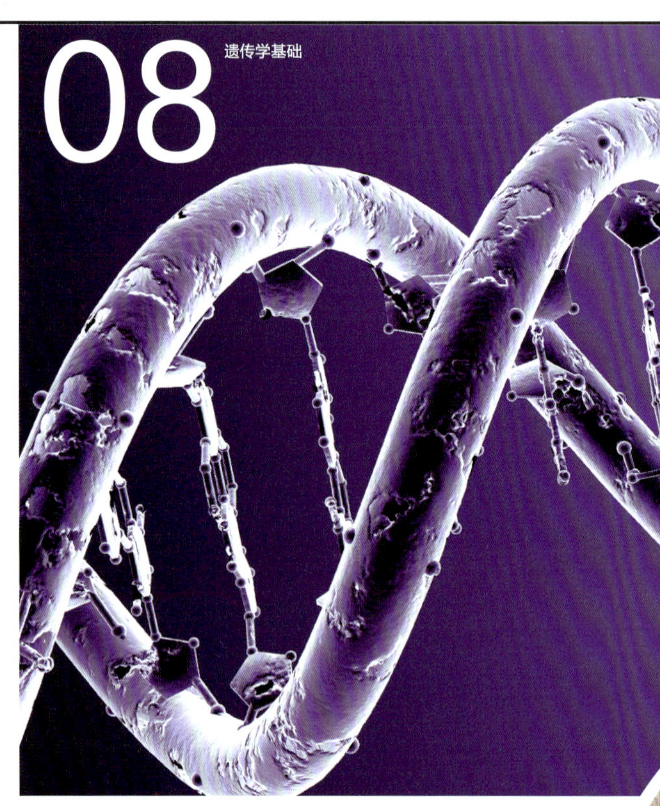

08 遗传学基础

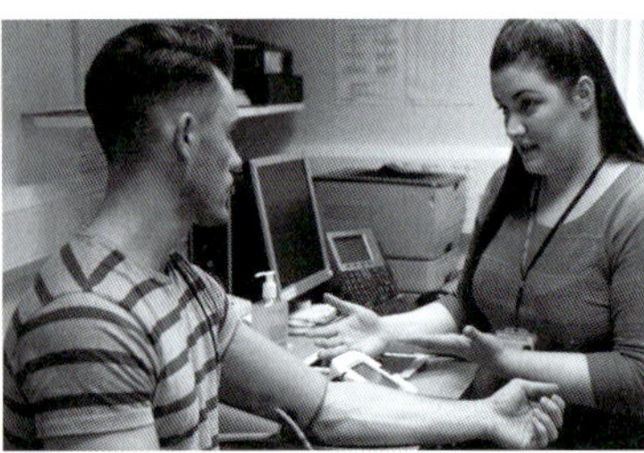

73 为你的基因量身定制的药物

88 应该禁止转基因食品吗

76 克隆的未来

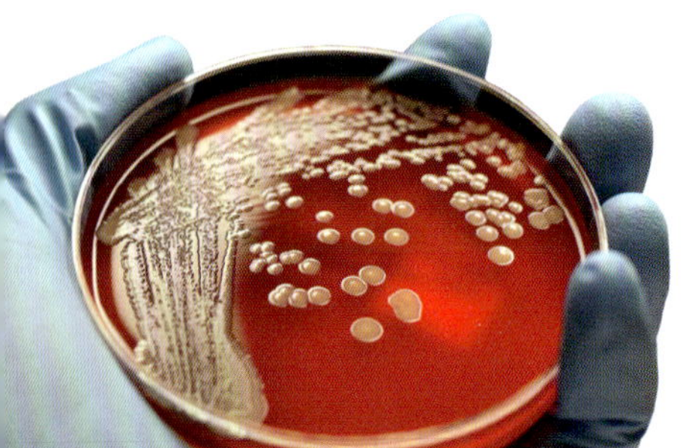

54 我们如何打败崛起的超级细菌

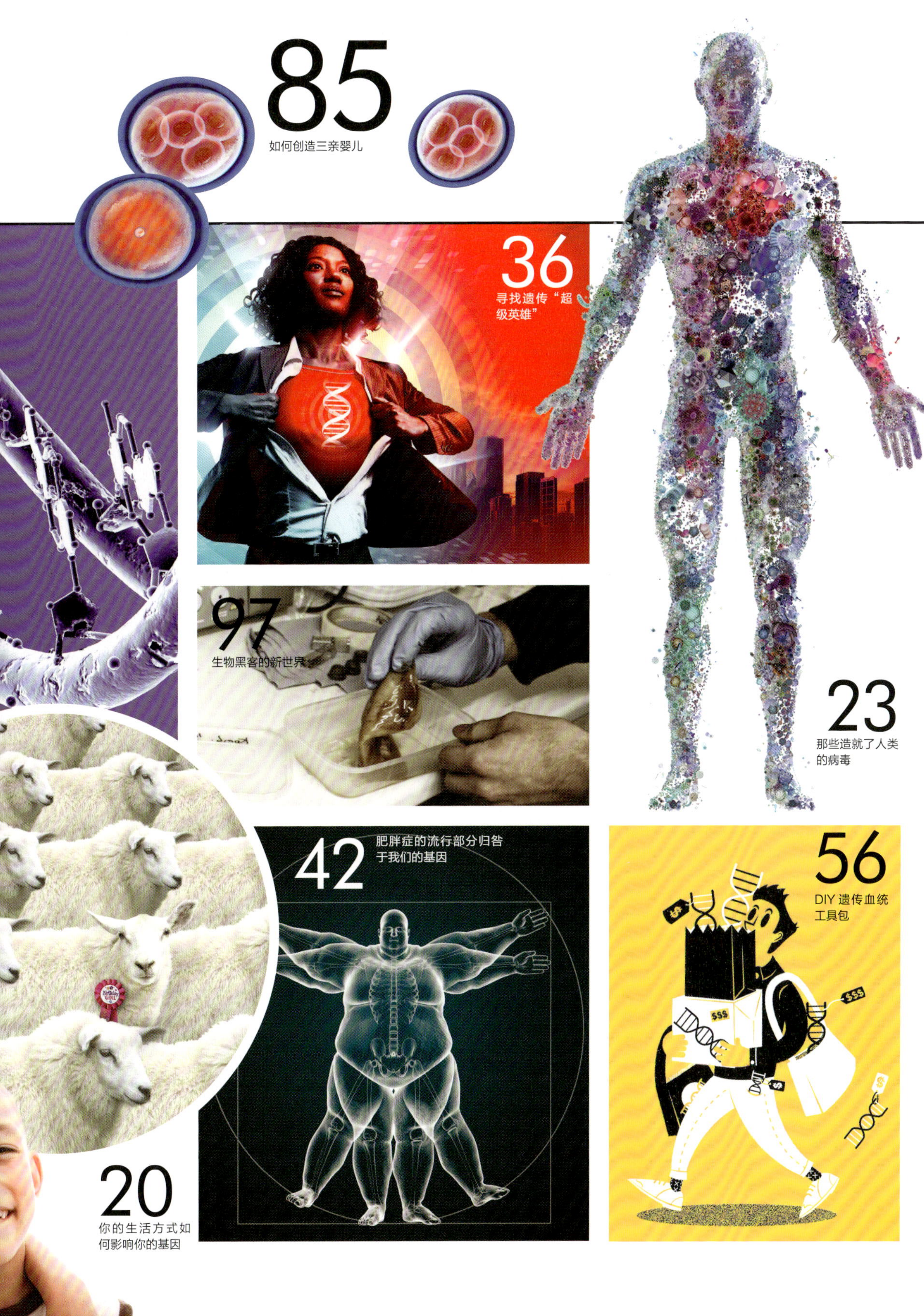

我们约有70%的基因与橡子蠕虫相同，但橡子蠕虫看起来一点儿也不像我们，它们没有四肢，通过内脏的缝隙呼吸。

单细胞变形虫是具有已知的最大基因组的生物之一，包含6700亿个碱基对，是人类基因组（32亿个碱基对）的200多倍。

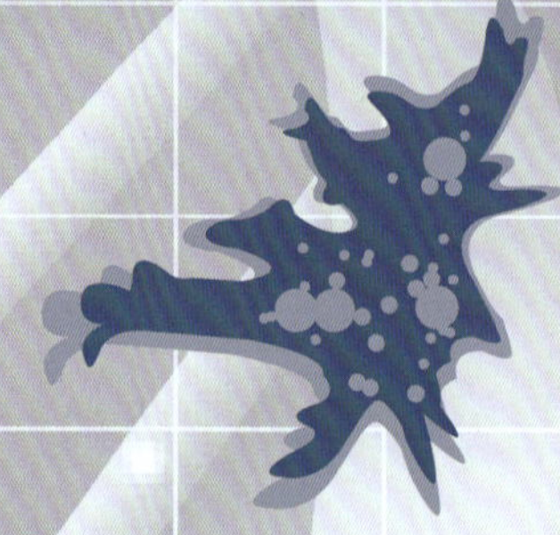

与基因不同，染色体可以在显微镜下被看到。

实际上，我们只有大约2%的编码DNA，其余的是非编码DNA。

99%

我们和黑猩猩的基因有99%是相同的。

我们每个人都有足够多的DNA，其加在一起的长度可以从地球到太阳往返300多次。

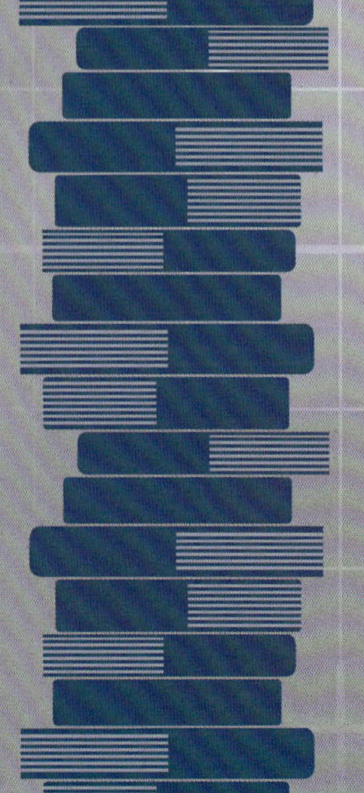

如果打印出你基因组中的32亿个字母（碱基对）并装订成书，它们将被堆成一摞61米高的平装书堆。

人类基因组的初稿发表于2003年。

2003

你的基因

你不像任何其他人。

你与地球上的其他人拥有差不多的遗传物质，并从父母那里继承了特定的遗传特征，但是你遗传密码中的特定组合、遗漏和重复是你独有的。真的没有人像你一样，除非你是同卵双胞胎之一，但即便如此，你们也只是在一开始才一模一样。

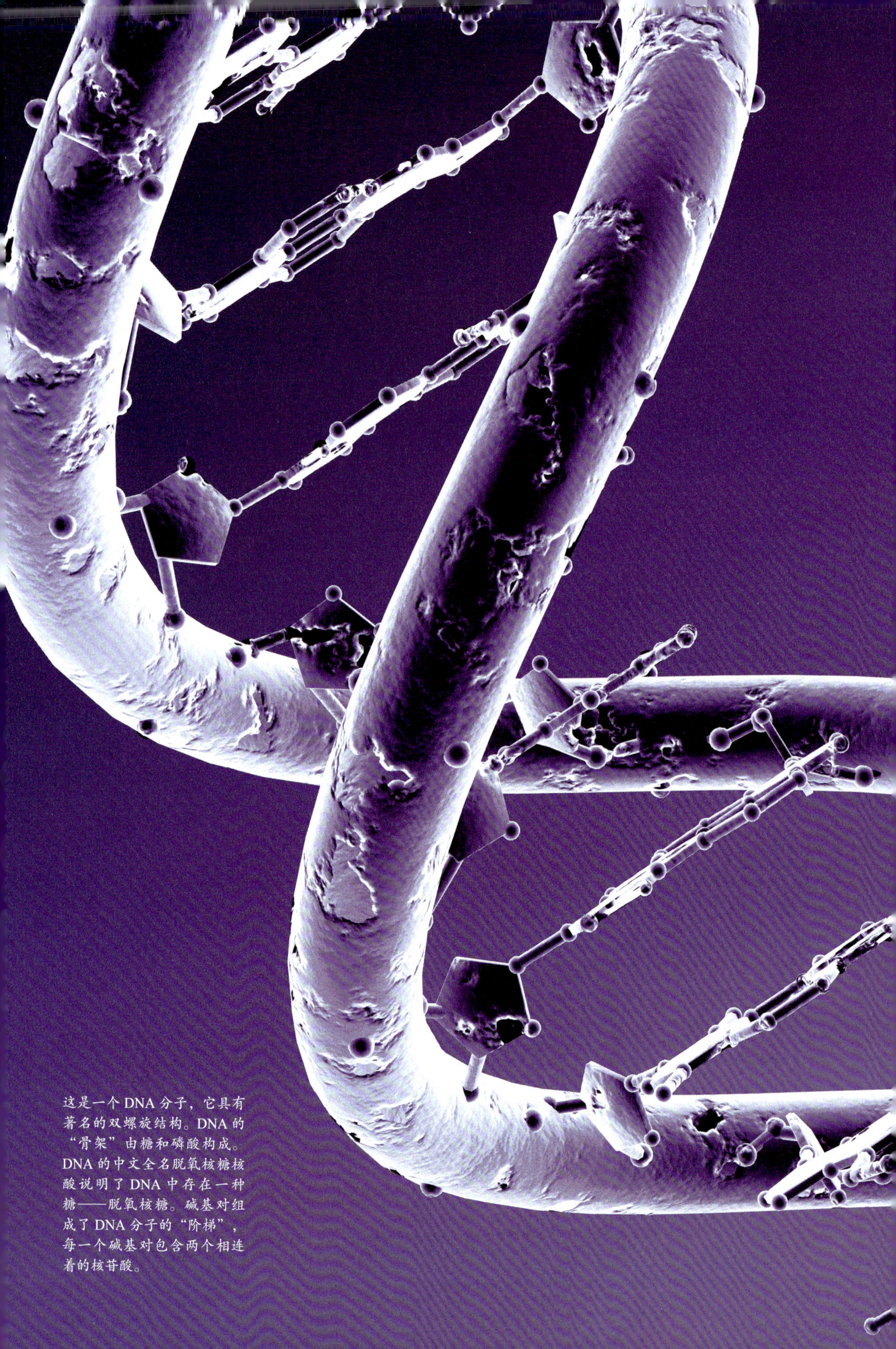

这是一个 DNA 分子，它具有著名的双螺旋结构。DNA 的“骨架”由糖和磷酸构成。DNA 的中文全名脱氧核糖核酸说明了 DNA 中存在一种糖——脱氧核糖。碱基对组成了 DNA 分子的“阶梯”，每一个碱基对包含两个相连着的核苷酸。

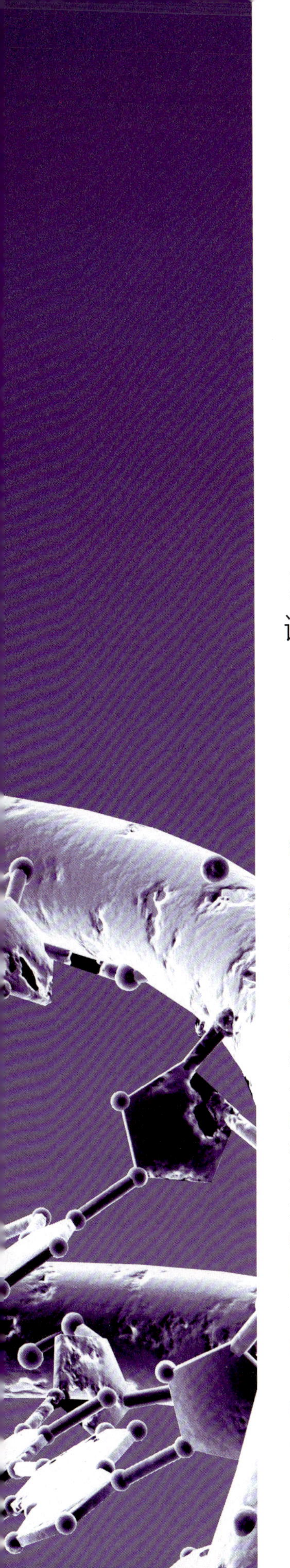

DNA

人类在 20 世纪 50 年代确定了 DNA 分子的结构。时至今日，我们已经克隆了动物，绘制了人类基因组图谱。DNA 分子中有你想了解的有关复杂分子的一切，该分子是理解生命的钥匙。

撰文：汤姆 · 艾尔兰

什么是 DNA？

DNA 几乎存在于每个生物细胞内部，它携带了生物体创建、维护和修复自身的所有指令。通过 DNA 的复制，动物、植物和微生物能把它们的特征遗传给后代。我们细胞中的 DNA 一半来自母亲，一半来自父亲，这就是为什么我们遗传了父母的多种特征。DNA 是一个非常长、非常复杂的密码，每个人的 DNA 都是独一无二的。这个“基因密码”可以告诉我们很多事情，如关于先天和潜在健康问题的细节。今天，我们对 DNA 的理解彻底改变了整个生物学科，它能够帮助科学家判定生物体之间的亲缘关系，这有助于证实和完善达尔文的进化论。

DNA 怎样工作?

确定 DNA 分子的结构是理解其怎样工作的关键。在此之前，科学家们还不知道这种浓密的丝状物质是如何控制如人类头发的颜色和鸟喙的形状等的多样性的。

1953 年，生物化学家詹姆斯 · 沃森和弗朗西斯 · 克里克发现，在双螺旋结构中，DNA 分子排列得像一个非常长的扭曲的“楼梯”。“楼梯”的每一个“阶梯”都由一对碱基组成。这些碱基有 4 种不同的类型——腺嘌呤、胞嘧啶、鸟嘌呤和胸腺嘧啶，分别用 A、C、G、T 表示。A 总是与 T 相连，而 C 总是与 G 相连。对于每个生物体而言，“楼梯”上的各个字母排列的确切顺序各不相同，从而形成了一个非常长的编码，而人类的 DNA 约有 32 亿个“阶梯”。

利用现代科技手段，我们可以从细胞中提取出 DNA 分子，并破译出碱基对的确切排列顺序，从而获得一个超长的 A、C、T 和 G 的字母串。这个复杂的编码对于包括人类在内的每个生物体（除了同卵双胞胎）都是不同的，它被称为 DNA 序列或基因组。

要想知道DNA是怎样工作的，我们必须先了解蛋白质。在我们的细胞内，蛋白质分子可以完成许多不同的任务，并协助创建许多错综复杂的内部结构。

虽然蛋白质的种类有很多，但它们都是由被称为氨基酸的化合物构成的。

DNA形成的遗传密码就像一种语言，它告诉细胞如何创建所需的蛋白质。DNA中3个字母的不同组合会编码不同类型的氨基酸，例如，GCA编码的氨基酸叫作丙氨酸，TGT编码的氨基酸叫作半胱氨酸。

细胞内的分子机器“扫描”基因的DNA序列，每“扫描”3个字母，它就把相应的氨基酸添加到一条链上，并有意味着“停止”的DNA片段表示蛋白质已经创建完成。

不同的氨基酸组合形成具有截然不同功能的蛋白质——从激素等极小的“化学信使”到形成头发、皮肤和肌肉的强健分子一应俱全。蛋白质不仅可以作为重要化学反应的催化剂，还可以创造在细胞内执行非常具体任务的微型机器。

正在进行DNA测序以确定碱基对顺序的科学家。碱基对由被称为核苷酸的物质组成。

人体内有成千上万种不同的蛋白质，而整个自然界中则有数百万种。基因的变异导致细胞内蛋白质的变异，进而导致了蛋白质特性的差异。

什么是基因？

基因是DNA序列的一部分，其包含特定蛋白质的编码，通常与特定的功能或物理特性有关。例如，在人类身上，一段被称为“OCA2”的DNA序列对人眼的颜色有强烈的影响。OCA2的变异导致了我们看到的个体具有不同特征。例如，蓝色眼睛的人的OCA2与棕色眼睛的人的OCA2不同。

关于基因的一个常见误解是，一个基因负责一个性状，这实际上是非常罕见的。一般来说，性状受许多基因组合控制。科学家可以通过让基因缺失掉或改变碱基对的序列来研究某个基因的作用，通常使用像果蝇、蠕虫或小鼠这样的动物，改变它们的基因，然后研究这些“基因突变”动物，看看有什么不同。

DNA怎样复制？

DNA双螺旋结构的发现有助于揭示DNA分子优美而简洁的复制自身的方式。在细胞内其他化学物质的帮助下，DNA的双螺旋

术语释义

碱基对

DNA由被称为核苷酸的化合物构成，DNA的核苷酸有4种不同的类型，每种类型都被指定了一个字母：A、C、G或T。A与T相连，C与G相连，当它们连接时就形成了碱基对。

DNA测序

这项技术允许科学家们“读取”核苷酸序列。

基因

这是具有特定功能的DNA片段。基因很少只负责一个性状，最重要的是许多基因的组合形成了像眼睛颜色或身高不同这样的生理特征。你继承了源于你父母两人的基因。

基因组

这是生物体的整个DNA序列。2003年，科学家对人类基因组进行了测序。每个人的基因组都是独一无二的，但是我们可以通过研究基因组之间的相似性来判断被测试者之间是否有血缘关系。

遗传病

由一个人的基因组中的一个或多个基因异常引起的问题，通常从出生起就存在。大多数遗传病都很罕见。

转基因

改变生物体的DNA，使其具有不同的性状，如将一种作物的基因嵌入另一种作物中，使其对害虫具有抗性。

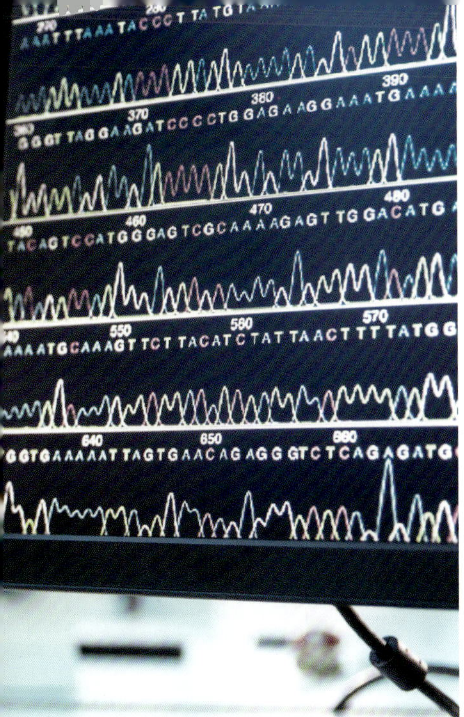

结构解开，两条链像拉链一样从中间分开。因为 A 总是与 T 配对，C 总是与 G 配对，所以当更多的核苷酸被吸引到分裂的两条链对面的相应位置时，这两条链就分别形成了一个精确的复本。

这个复制过程很重要，因为细胞在不断地分裂和复制。如果 DNA 复制错误，这样产生的细胞收到混乱的指令，它的生长便可能失控。恶性肿瘤往往就是这样形成的。

什么是染色体？

在动物和植物中，每个细胞中的 DNA 分子数量十分庞大，使得它们必须被巧妙地包装在被称为染色体的“X”形结构中。这种结构会使 DNA 分子盘绕并折叠，这样就不会占用太多空间，同时仍然允许细胞编码所有重要部分。假如 DNA 没有被包装在染色体中，科学家们认为一个人类细胞的 DNA 的长度可以超过 1.5 米。

对于人类而言，我们的整个遗传密码是通过 23 对染色体传递的。我们每个人都从母亲那里继承一组（23 条）染色体，从父亲那里继承另一组（23 条）染色体，所以每个细胞包含 46 条染色体。

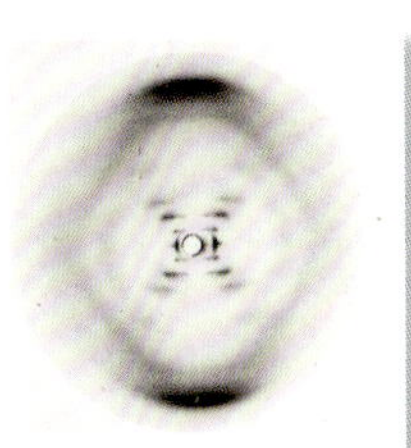

关键证据

上图是“照片 51 号”，这张照片是博士生雷蒙德·戈斯林于 1952 年拍摄的，他当时正在英国化学家罗莎琳德·富兰克林（见下图）的指导下工作。这张照片中的内容是 X 射线穿过 DNA 样本后形成的图像。一年后，“照片 51 号”帮助弗朗西斯·克里克和詹姆斯·沃森推断出了 DNA 的双螺旋结构。这两位科学家，连同莫里斯·威尔金斯，因他们的发现而获得了 1962 年的诺贝尔奖。而富兰克林于 1958 年死于癌症，享年 37 岁，未能获得诺贝尔奖。

有关 DNA 的数字

人类与其他物种拥有相同 DNA 的比例

黑猩猩 99%
奶牛 85%
斑马鱼 73%
鸡 65%
果蝇 47%
蛔虫 38%
葡萄藤 24%
酵母菌 18%

100%
75%
50%
25%
0%

垃圾 DNA

垃圾 DNA 占 98%

有用 DNA 仅占 2%

人类 DNA 中高达 98% 是非编码的，这意味着这些片段中没有基因。

病毒 DNA

人类的 DNA 占 91%

源于古老病毒的 DNA 占 9%

在人类的 DNA 中，多达 9% 的 DNA 被认为来自与我们的基因组融合的古老病毒。

DNA 的能力

500000

50 万张 DVD 中的信息可被储存于 1 克 DNA 中。

最小的基因组

112000

Nasuia deltocephalinicola 细菌（一种叶蝉的专性内共生细菌）中有 11.2 万个核苷酸——这是迄今为止发现的最小的基因组。

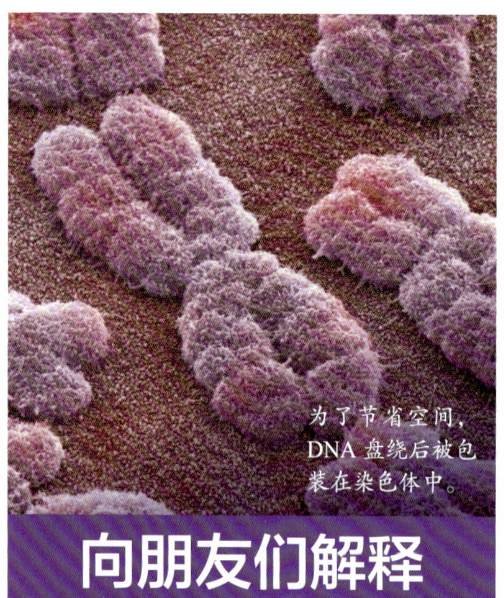

为了节省空间，DNA 盘绕后被包装在染色体中。

向朋友们解释 DNA

1. 你的 DNA 是独一无二的

DNA 是一个非常长的分子，它包含了生物自我构建和维持的指令。所有的生物体在每个细胞中都有自己独特的 DNA 链，其会形成一个非常长的编码，称为基因组。

2. 细胞读取基因

一个生物体基因组的某些片段可以做某些事情。这些部分被称为基因。每个细胞都能"读取"基因中的密码，并用它来制造所需的所有化学物质。

3. DNA 存在于染色体中

DNA 被包装在细胞内的染色体中。我们从母亲那里继承了 23 条染色体，从父亲那里继承了 23 条染色体。父母遗传给我们的染色体决定了很多事情，包括我们长什么样、可能得什么病，甚至影响我们性格和行为的某些方面。

人出生时染色体过多或过少，都会引起健康问题（例如，唐氏综合征患者就有 3 条 21 号染色体而不是 1 对）。人类的性染色体是不同的，一条叫 X，一条叫 Y。雄性有一条 X 和一条 Y，而雌性有两条 X。当精子与卵子结合时，新细胞从双亲那里得到每对染色体中的一条。其中有两条 X 染色体（雌性）或一条 X 染色体和一条 Y 染色体（雄性）。不同的生物体细胞中有不同数量的基因和染色体：蚊子只有 6 条染色体，而某些蕨类植物有 1000 多条染色体。

少数基因与特定性格特征有关，如高智商或极端反社会行为，但证据有限。更有可能的是，许多基因共同作用影响我们的性格，我们生活中的经历和事件也塑造了我们大脑的工作方式。

尽管每个人的 DNA 序列都是独一无二的，但人与动物之间的 DNA 序列许多都是相同的。我们基因组的约 99% 与黑猩猩相同，而约 24% 与葡萄藤相同。

个体之间的基因变异量非常小，如果比较两个人的基因组，约 32 亿个碱基对中只有 0.1% 是不同的。然而，这种变化可以产生无限的表象。更为复杂的是，"表观遗传学"这一相对较新的学科的研究表明，我们的基因在我们一生中的不同时间段可

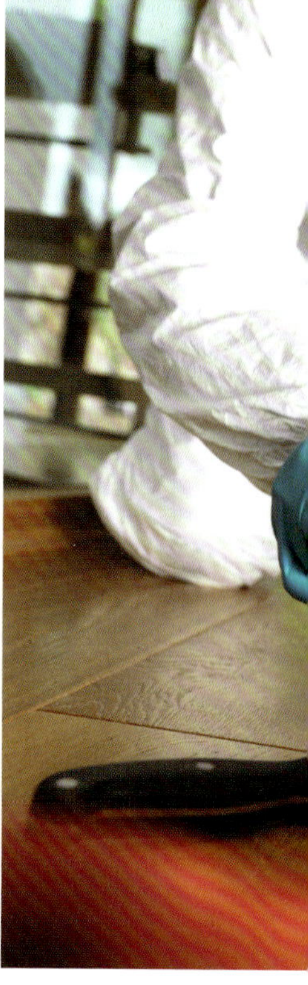

红细胞不含 DNA，所以法医必须从白细胞中提取 DNA。

时间轴

DNA 及其结构的发现使人们得以在认识生命密码方面取得重大突破。

19世纪60年代

孟德尔确立了遗传的基本规则。弗里德里希·米舍从脓液里发现的细胞中分离出了他称为"核酸"的 DNA。

1944年

奥斯瓦尔德·埃弗里、科林·麦克劳德和麦克林恩·麦卡蒂证明了 DNA 是控制遗传的物质。

1952年

博士生雷蒙德·戈斯林在化学家罗莎琳德·富兰克林的指导下拍摄了"照片 51 号"——后人借助这张照片想出了 DNA 的结构。

1953年

詹姆斯·沃森（左）和弗朗西斯·克里克描述了 DNA 的结构，并因此于 1962 年获得了诺贝尔奖。

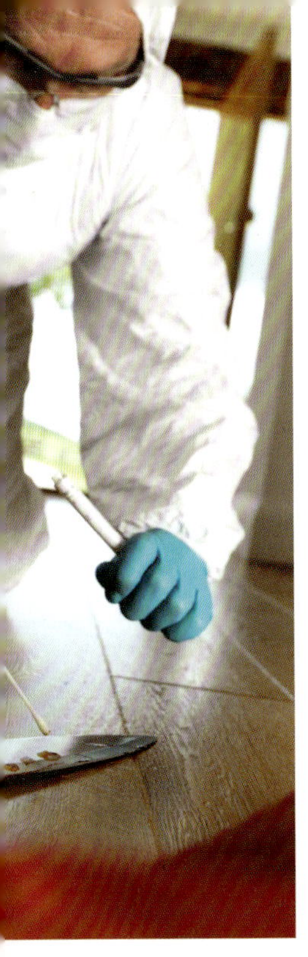

以有不同的表达方式——打开和关闭，这意味着我们的基因工作方式比我们最初想象的更为复杂。

DNA 能促进进化吗？

DNA 能够自我复制是地球上所有生命进化的核心。当早期的生物体自我复制时，DNA 复制过程中的缺陷创造了新的生命，它们的遗传密码也发生了变异，这导致了每一代的不同特征和特点。任何对生物体有利的特征都更有可能保存下来并被遗传下去；受到变异阻碍的生物体更有可能死掉或无法繁殖。经过几代的努力，成功的 DNA 序列繁衍生息，而不太好的 DNA 序列被淘汰。地球生命变得越来越丰富和复杂，每代中最成功的变异都将基因传递给下一代。早在 DNA 被发现之前，查尔斯·达尔文就称之为“自然选择”。

成功的 DNA 序列被复制，而不太好的 DNA 序列则在进化中被淘汰。

我们能用 DNA 做什么？

我们已经将 DNA 用于各种有益的应用，这些应用可以告诉我们自己的过去、现在和未来：我们的祖先是什么样的、我们应该服用或避免服用什么药物，以及我们可能患上什么疾病。我们也可以用它来解决亲子关系纠纷，或者通过搜索犯罪现场发现的微量 DNA 来抓捕罪犯，但这只是开始。随着 DNA 测序变得越来越简单和便宜，那些曾经不可想象的事情现在变成了可能。科学家们可以根据你的精确的基因信息定制个性化的药物。他们正在读取癌细胞的基因组以对抗它们。基因治疗可以用来对抗遗传病。未来生物学家可能会创造出全新的生物来为我们生产有用的产品。我们甚至可以编辑我们后代的基因组，以确保他们没有遗传疾病，同时也确保他们具有我们想要的遗传特征。解码 DNA 已经揭开了生命的秘密。

汤姆·艾尔兰是英国皇家生物学会的特约记者兼总编。

1972年

保罗·伯格首次将两种不同生物体的 DNA 拼接在一起，为基因改造和转基因食品的问世铺平了道路。

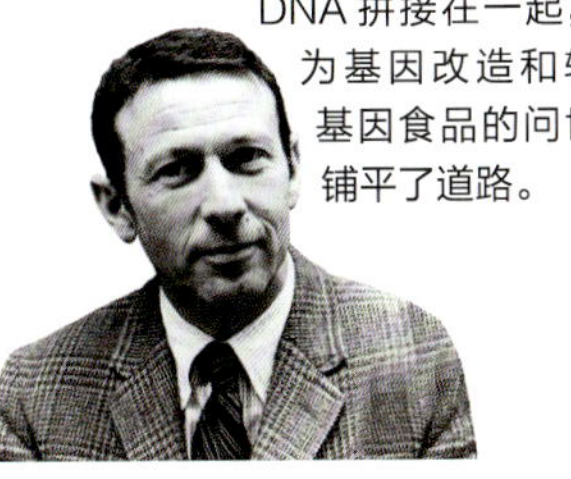

1996年

多莉羊（与它生的羔羊们的合影）出生了。多莉羊是第一个从非胚胎细胞克隆的哺乳动物，它的 DNA 与被克隆的羊是一样的。

2003年

在投入 30 亿英镑、历时 13 年的工作后，人类基因组计划完成，人类的完整基因组问世。

2015年

美国总统奥巴马宣布打算对 100 万美国公民的基因组进行测序，以推动个性化医疗、进一步了解罕见疾病。

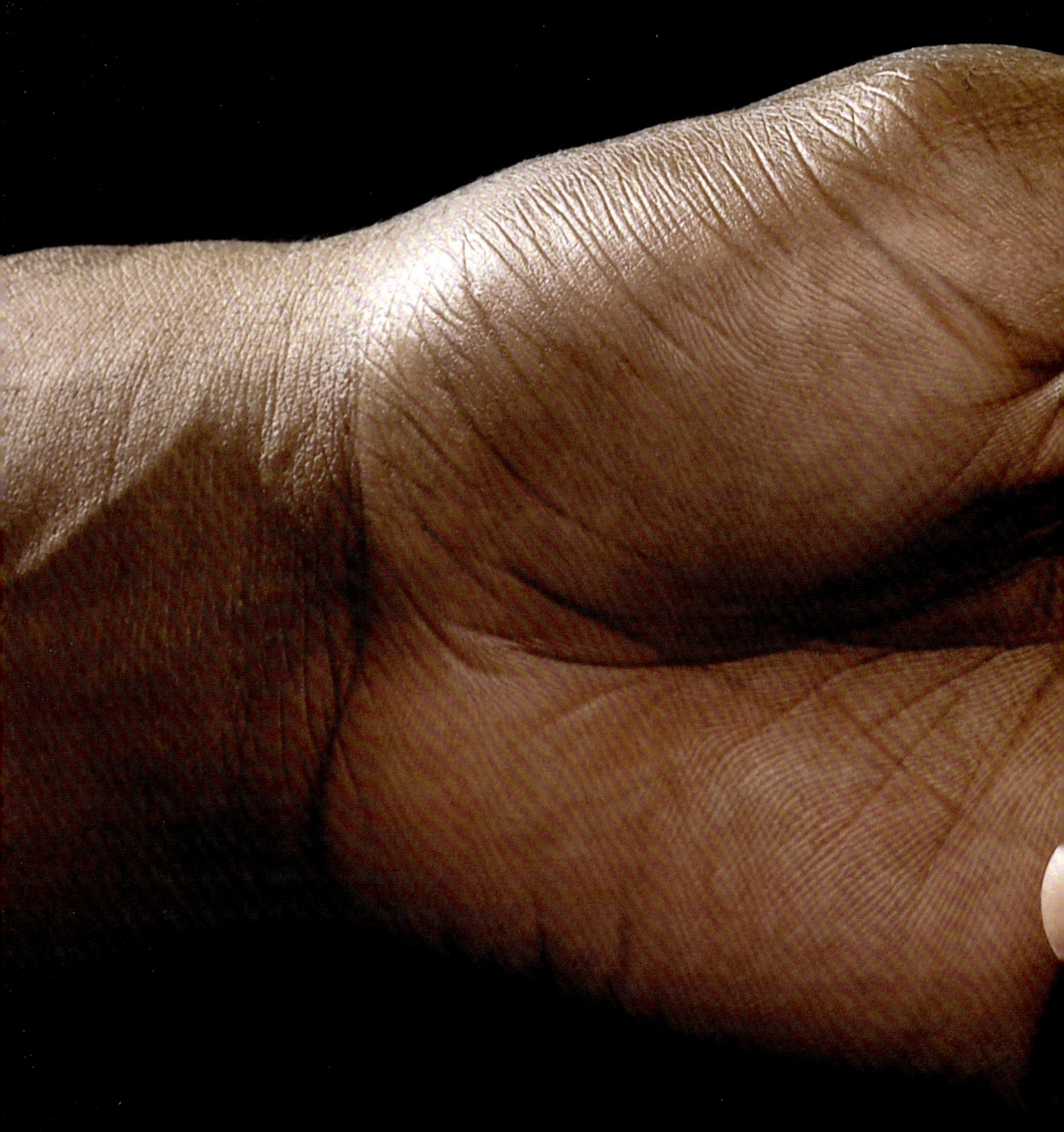

先天与后天

饮食、生活方式和环境能影响基因，这个发现从根本上改变了我们对遗传学和进化的认识。

撰文：妮莎·凯莉

表观遗传修饰会随着环境刺激而变化，并允许我们的细胞根据环境的变化来调整其特定基因的表达。

当克里克和沃森于1953年发现DNA的结构后，我们理解了生物体的特征是如何从一代遗传到下一代的，但DNA并不是遗传故事的全部。自20世纪70年代以来，“表观基因组”的作用得到了越来越多的关注。表观基因组是指环境、饮食等因素对DNA及其盘绕的蛋白质所做的细微化学修饰。科学家对这些修饰的研究获得了一些令人惊讶的结果。虽然你有绿眼睛或黑皮肤是由于你从母亲那里继承了DNA，但你结实的身材可能与你祖母抱着你母亲时的生活方式有关。

这一非同寻常的发展过程始于一个潜力无限的单细胞，而最终在人类身上，成了数万亿个专门化的细胞。几十年前，没有人知道当细胞变得专门化时DNA发生了什么。一种假设是细胞去除了其不再需要的DNA。例如，脑细胞会“丢失”编码血红蛋白的基因，而肝细胞会丢弃编码角蛋白的基因。

20世纪70年代，约翰·格登教授（先在英国牛津大学工作，后来又在英国剑桥大学工作）驳斥了这一理论。他去除了青蛙卵中的细胞核，并用成年蛙细胞的细胞核取而代之。蛙卵发育成蝌蚪，最后变成青蛙。这表明生物体不同细胞的DNA没有差异。1996年，伊恩·威尔穆特、基思·坎贝尔和苏格兰罗斯林研究所的同事们用成年绵羊乳腺细胞的细胞核克隆了多莉羊，证明了哺乳动物也是如此。

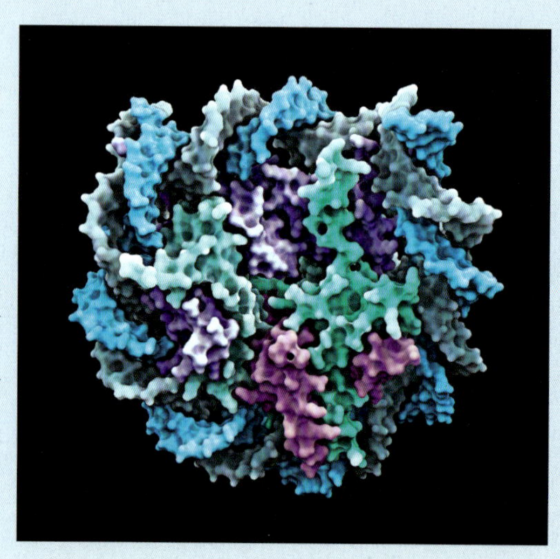

右图： 这个模型展示了一个核小体，它由组蛋白和DNA组成。

下图： 约翰·格登爵士因在青蛙遗传学方面的开创性工作而获得诺贝尔奖。

它如何工作？

表观遗传修饰是如何在我们的DNA结构中表达并遗传给我们的孩子的？

我们细胞中的DNA不是一个长而细的分子。相反，它盘绕在被称为组蛋白的蛋白质上。DNA盘绕在一个由8个组蛋白组成的簇上，在盘绕到另一个簇之前，DNA会接着在原簇上继续盘绕。该过程在每个细胞中重复了数百万次。它允许我们的细胞将大约2米长的DNA包装在一个直径不到1毫米的细胞核内。

当细胞收到来自环境的信号时，就会对DNA和组蛋白进行细微的化学修饰，这些被称为表观遗传修饰，它们调控DNA的表达。有许多不同的修饰，特别是组蛋白，它们会以令人眩晕的组合形式呈现，在基因表达中产生巨大的灵活性，而且由于细胞分裂时会将相同的表观遗传修饰传递给子代细胞，所以这些对基因表达的影响得以维持。

日常表观遗传学：猫

几乎所有毛色为橙黑相间的家猫都是雌性。橙色和黑色的毛色基因携带在雌性称为X染色体的性染色体上。每对X染色体中的一条在发育早期被表观遗传学随机失活，这就创造了美丽的相间的毛色。

表观遗传学的诞生

2012年，格登因其成就获得诺贝尔奖。在他的发现之后的几十年里，研究者们（如参与多国“路标表观基因组学项目”的研究人员）在发现表观遗传学现象背后的机制方面取得了巨大的进展。这些机制依赖于对DNA和某些与我们的遗传物质相关的组蛋白的细微化学修饰。这些修饰被称为“表观遗传修饰”。

众多不同的酶可以在基因组的不同位置添加或移除表观遗传修饰，而数百种其他蛋白质也可以结合到各种修饰的组合中，以改变基因组的使用方式。这些表观遗传修饰会随着环境刺激而改变，并允许我们的细胞根据环境的变化来调整其特定基因的表达。因此，表观遗传学提供了先天（我们的基因组）和后天（我们的环境）之间的桥梁。

一些表观遗传对环境的反应是在生命早期建立的，如在人类怀孕的早期。

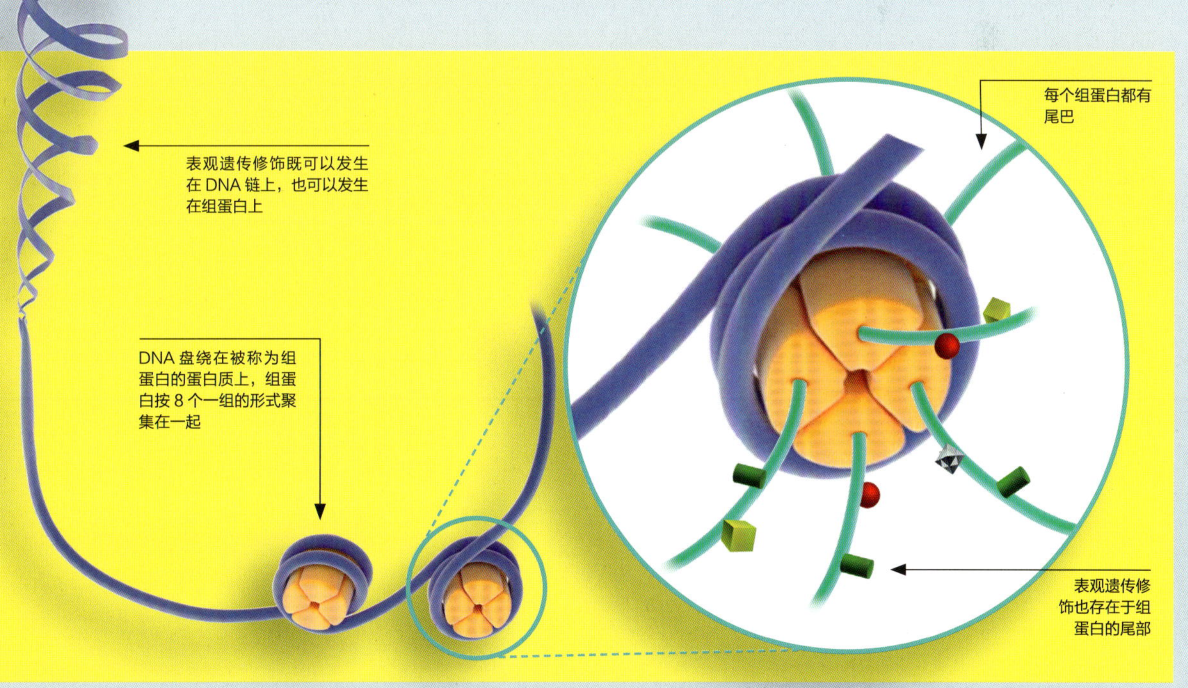

在“冬日饥荒”时期受孕后出生的婴儿，长大后其成人肥胖水平增高。

左上图：1944—1945年“冬日饥荒”期间的荷兰儿童。荷兰战时饥荒的表观遗传效应的影响今天仍在持续。

右上图：家长们参加雅芳亲子纵向研究的原始请柬，那些孩子也被称为“90后孩子”。

一个这方面的例子先前曾在荷兰出现过。在第二次世界大战即将结束时，该国某些地区遭受了灾难性的粮食短缺情况。在“冬日饥荒”的几个月中，人们的能量摄入量在正常水平的40%以下。在这一时期受孕的婴儿，出生时是正常的，但随着他们长大成人，他们开始呈现出增高的成人肥胖水平和2型糖尿病发病率。这是因为他们的基因在早期发育过程中被表观遗传修饰，以使个体能够最好地利用稀缺的营养。如果饥荒持续不断，这将是一个优势，但在一个获取食物不受限制的社会，这种表观遗传的改变则会引发问题。

表观遗传学为研究人员了解成人疾病的胎儿起源提供了一种新的途径，并在长期流行病学研究中发挥了积极的作用，如雅芳亲子纵向研究，自20世纪90年代早期以来已经跟踪了近15000个家庭。研究发现，有过幼时创伤生活经历的啮齿动物建立了影响其成年期应激水平的表观遗传神经元模式。类似的机制可以解释儿童时被虐待会对成人心理健康产生负面影响。

表观遗传学与遗传

我们知道遗传信息是由父母传给子女的，但是表观遗传信息呢？也是由父母传给子女的吗？20世纪80年代，剑桥大学的阿齐姆·苏拉尼教授证明了这一点。事实上，胎盘类哺乳动物的成功繁殖确实需要来自双亲的适当表观遗传修饰的传递。利用小鼠体外受精技术，苏拉尼发现只有卵子核和精子核融合在一个卵子里，活的动物才能诞生。

日常表观遗传学：海鲈鱼

哺乳动物的性别由Y染色体决定。然而，在海鲈鱼年轻的时候，水温会引起表观遗传的变化，以决定它们的性别。鳄鱼也有类似的机制。因此，全球变暖可能会扰乱性别分布。

1996年克隆羊多莉的诞生，证明哺乳动物的干细胞和体细胞含有相同的DNA信息。

但他如果使用两个卵子核或两个精子核，即使在基因水平上这 3 种情况都是相同的，也不会有活的年轻个体出生。

有关表观遗传信息是由父母传给子女的更多的证据，来自一种叫作 Avy 小鼠的小鼠模型。这些小鼠可以是肥胖的黄色小鼠、轻瘦的棕色小鼠，或者是介于两者之间的所有类型。所有 Avy 小鼠在基因上都是相同的，它们的差异是由对基因组某一区域的表观遗传修饰引起的。后代往往看起来像它们的父母，表明它们正在继承这种表观遗传信息。但一些幼鼠与父母不同，这表明表观遗传信息的传递是模糊不清的。不同外貌的后代所占比例因环境刺激而不同，如让母亲饮酒。

日常表观遗传学：双胞胎

同卵双胞胎很少完全相同，尽管他们具有相同的 DNA 编码。双胞胎中的一个可能患有致命疾病，而另一个则是健康的。这反映了表观遗传差异，通常是对环境的反应和细胞表观遗传修饰随机变化的组合。

因此根据研究，表观遗传信息是由父母传递给子女的，但也会受到环境的影响。这引发了下一个问题：表观遗传所受到的环境影响能否从父母传给后代？

经典的达尔文进化论模型会说不，因为这一思想与达尔文的主要竞争对手、19 世纪法国博物学家让 - 巴普蒂斯特 · 拉马克提出的获得性遗传理论更为相似。但这种否定正日益受到威胁。例如，源于荷兰“冬日饥荒”研究对象的一些迹象表明，那些在童年经历饥荒的人所遭受的代谢缺陷现在正在遗传给后代。

遗憾的是，研究人员难以分离人类群体中遗传、表观遗传和环境的影响。因此为了获得更准确的结论，研究人员再次转向啮齿动物。

自然选择

引起进化的过程

自然选择是一个由随机变异驱使的过程——DNA序列的变化从父母传给子女。如果某一特定变异在当前环境条件下具有优势，携带该变异的个体会有更多的机会存活到生育年龄，并成功繁殖。

这将传递他们的DNA序列，并增加下一代携带这种变异的个体数量。当这种现象持续了几千年时，它就推动了物种形成的进程。即使在较短的时期内，它也能影响种群的发展。例如，血红蛋白基因的变异使人们易受β–地中海贫血的遗传影响，但也给了他们对疟疾的一定程度的抵抗力。这就是为什么β–地中海贫血的患病率在历史上疟疾流行的国家最高，如希腊和土耳其。表观遗传修饰也可以从父母传递到子女。

许多研究表明，雄性啮齿动物营养不良时，其后代的代谢会受损。但是使用恐惧症调节技术的实验真正动摇了这一结论。雄性老鼠被训练着将一种特殊的气味与电击联系起来，在反复嗅闻之后，这种气味足以引发恐惧反应。当老鼠的后代被测试时，它们也被气味吓坏了，尽管它们从未受过电击。这些老鼠大脑中关键基因的表观遗传修饰也和它们曾受创伤的父亲一样。

这是否意味着达尔文进化论模型已经“死去”？当然不是。大多数情况下，卵子和精子都会受到保护，以免受环境引起的表观遗传变化的影响，相对而言，很少有新建立的修饰能遗传到下一代。但即使它们能遗传，这些修饰和产生的影响往往也会在几代之内消失。这正是我们所预期的，因为表观遗传的改变本质上也是不稳定的。但这种跨代表观遗传信息的传递可能提供了对环境暂时改变的短期有利适应，而不至于影响经过数千年进化而来的潜在遗传密码。表观遗传发生在一定条件下，但不太可能是长期自然选择的主要参与者。

有一种趋势是把现今的问题“归咎于”表观遗传，例如人类肥胖的流行。

尽管如此，人们越来越随意地将现今的问题“归咎于”表观遗传，如人类肥胖的流行。虽然这个领域极具吸引力，但它并不是一个合理的解释。对你的健康来说，最重要的事情就发生在此时此地：当前没有人仅仅因为他爷爷在20世纪60年代喜欢甜甜圈而体重增加！

妮莎·凯莉是一位分子生物学家。

日常表观遗传学：蜜蜂

蜂王和工蜂在身体上有很大的不同，蜂王的寿命比工蜂长20倍。但蜂王在基因上并没有什么特别之处：它们只是生命早期不同喂养方式的产物，这导致表观遗传修饰得以维持蜂王的基因表达模式。

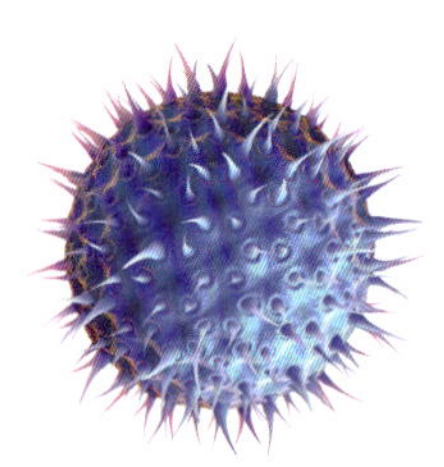

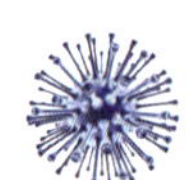

那些造就了人类的病毒

从普通感冒病毒到埃博拉病毒和人类免疫缺陷病毒（HIV），病毒会感染我们。但新的研究表明，它们在影响人类的进化过程中可能起到了关键作用。

撰文：凯特·阿尼

寨卡病毒、埃博拉病毒、流感病毒——我们对这些困扰人类的病毒很熟悉。尽管我们知道它们会使我们生病，但也可能惊讶地发现，数百万年来，我们已成功地驾驭和驯服了这些狡猾的入侵者。从生命的最初阶段到我们脸上的笑容，病毒对我们人类这一物种有着巨大的影响。

病毒只不过是一系列由囊膜包裹着的基因（通常为 RNA 分子的形式），它们的工作原理都是一样的。一旦病毒感染了某个细胞，它就会劫持细胞来复制其基因并快速产生大量病毒蛋白。新病毒是由这些新制造的部件组装而成的，这些部件最终会突然暴发，寻找新的细胞进行攻击。

对于大多数病毒而言，如流感病毒，故事到此即结束。但是，包括 HIV 在内的少数逆转录病毒甚至更狡猾，“偷渡”进入我们的 DNA 中。它们将自己随机地插入一个生物体的基因组中，低调潜伏直到时机合适再重新开始生产病毒。一旦逆转录病毒进入生物体的 DNA，就不能保证它会留在原地不动。基因指令可以从嵌入的病毒中“读取”，转化为 DNA，然后“粘贴”到基因组中的另一个位置。一次又一次地重复这个循环，病毒 DNA 的多个副本就会很快被建立起来。

数百万年来，这些病毒 DNA 序列随机地变异和发生改变，失去了从宿主细胞中挣脱出来的能力。这些“内源性”逆转录病毒尽管被困在基因组中，但有些仍然可以跳跃，而另一些则永远停留在它们最后一次“登陆”的地方。如果这些事件发生在产生卵子和精子的生殖细胞中，它们将代代相传，最终成为生物体基因组的永久组成部分。

除了作为我们的基因敌人，嵌入我们基因组的一些病毒已经成为我们的奴隶。

大约有一半的人类基因组是由数百万个DNA序列组成的，这些序列可以追溯到早已沉寂的病毒或类似的“跳跃基因”，其统称为转座因子或转座子。一些研究人员甚至将这一数字提高到80%，因为古代DNA序列现在已经退化到无法被识别为病毒的样子，且已经在基因组中“风化”，就像分子化石一样。

多年来，散落在人类基因组上的大量重复性的、病毒衍生的DNA被认为是“垃圾”DNA。毫无疑问，这些重复性的东西中有一部分只不过是我们基因主干中的“垃圾”，但随着研究人员更加仔细地观察单个病毒元件，更复杂的画面出现了。研究发现，除了作为我们的基因敌人，嵌在我们基因组的一些病毒已经成为我们的奴隶。

大约18年前，美国研究人员发现了一个只在胎盘中有活性的人类基因。他们称之为合胞素基因，因为它形成的这种分子可以将胎盘细胞融合在一起，形成一种特殊的组织层，称为合胞体。奇怪的是，合胞素基因看起来很像逆转录病毒的基因。后来研究人员又发现了另一个合胞素基因，它也参与了胎盘的形成以及阻止母亲的免疫系统攻击子宫中的胎儿，这个基因看起来也像是来自逆转录病毒。

虽然人类和其他大型灵长类动物都有两个相同的合胞素基因，但是在任何其他哺乳动物的胎盘中有着类似融合细胞层的并没有发现相同的基因。老鼠也有两个合胞素基因：它们完成与人类合胞素基因相同的工作，但两者看起来像是来自完全不同的病毒。在猫和狗身上还有另一个不同的病毒衍生的合胞素基因——它们都是源于同一个食肉祖先。

显然，所有这些哺乳动物都在数百万年前被某些病毒感染过。随着时间的推移，这些病毒已被宿主利用，在胎盘生长中发挥关键作用，并成为我们基因组中的永久固定部件。有趣的是，猪和马的胎盘中没有融合细胞层，也没有任何看起来像是病毒衍生的合胞素基因，所以也许它们从未感染过这种融合病毒。

虽然合胞素基因的案例揭示了人类广泛采用病毒基因来完成任务，但还有更多的例子说明了古代病毒序列如何影响当今人类的基因活动。早在20世纪50年代，美国遗传学家芭芭拉·麦克林托克的详细研究表明，“跳跃基因”能影响玉米的基因组。就像麦克林托克在玉米中发现的“跳跃基因”一样，

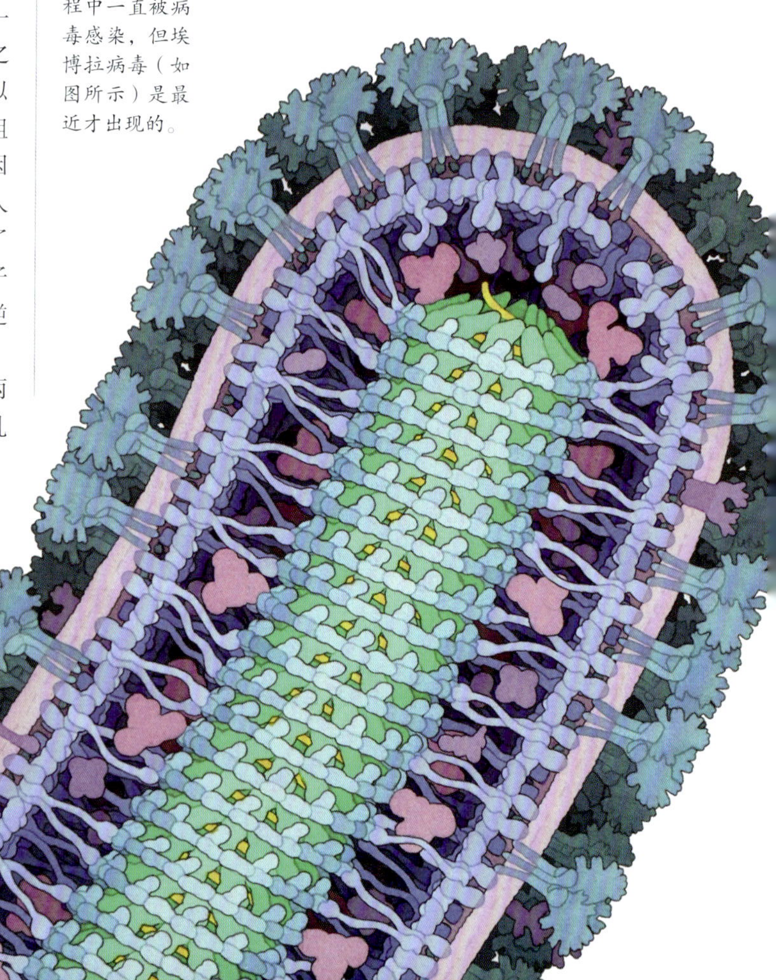

我们在进化过程中一直被病毒感染，但埃博拉病毒（如图所示）是最近才出现的。

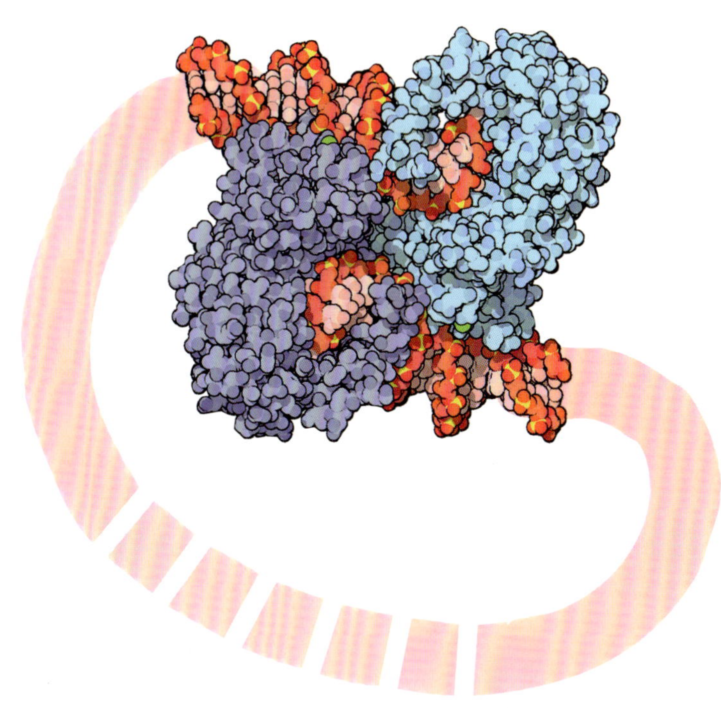

潜伏在人类基因组中的内源性逆转录病毒数百万年来一直马不停蹄地随机跳跃，改变了紧邻它们的基因的活动。

我们的细胞投入了大量的能量以阻止这些病毒元件的随意传播。它们被标记并用化学标签锁定，这被称为表观遗传标记。但是随着病毒元件的移动，这些标签也随之移动，因此病毒序列的影响可以波及它们“登陆”的任何邻近基因。

病毒也是 DNA 序列，它们能够吸引能启动基因的分子。在一种功能性逆转录病毒中，这些“开关”激活了病毒基因，使其再次具有感染性。但是，当一个类病毒 DNA 序列被拼接到基因组中的另一个位置时，这种起着“基因开关”作用的能力最终可能会走上“邪路”并变得失控。

2016 年，美国犹他大学的科学家发现，人类基因组中的一种内源性逆转录病毒——它最初来自一种 6000 万至 4500 万年前感染了我们祖先的病毒，当它在检测到一种叫作干扰素的分子时，感知到这是一个“危险信号”，能够警告机体正在遭受病毒感染，随之启动一个叫作 AIM2 的基因的表达。接着 AIM2 迫使受感染的细胞自毁，以防止感染进一步扩散。这些古老的病毒已经成为“两面派”，它们帮助我们的细胞对付其他试图攻击我们的病毒。

左上图：芭芭拉·麦克林托克首先确认了玉米中“跳跃基因”的作用。

右上图：“剪切和粘贴”转座子（蓝色和紫色）的两个分子抓住 DNA 转座子（粉色）的自由端，准备将其插入基因组中的一个新位点。

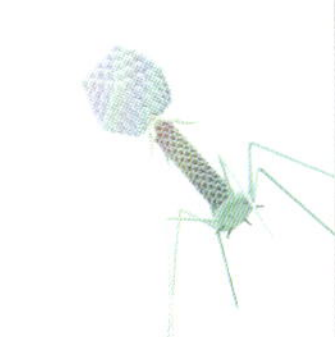

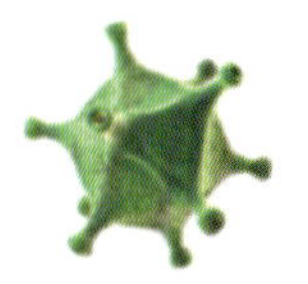

另一个可能影响人类物种发展的病毒是在一个名叫 PRODH 的基因附近发现的。PRODH 基因存在于我们的脑细胞中，特别是在海马体中。人类的这个基因是由一种早已沉寂的逆转录病毒的控制“开关”激活的。黑猩猩也有一种 PRODH 基因，但它在黑猩猩的大脑中不太活跃。可能的解释是，数百万年前，一种古老的病毒在我们某位早已过世的祖先身上“跳跃”复制了自身的副本，但这种情况并没有发生在后来进化成今天黑猩猩的祖先灵长类动物身上。现如今 PRODH 基因的缺陷被认为与某些脑部疾病有关，所以它很可能对人类大脑的神经回路产生了某种影响。

同样，基因开关的变异也是导致我们在子宫中长大时，形成人脸的细胞与黑猩猩脸的细胞之间差异的原因。虽然我们的基因实际上和黑猩猩的基因是一样的，但我们与黑猩猩看起来肯定不一样，所以区别就在于控制开关。从它们的 DNA 序列来判断，形成人脸的细胞中许多活跃的基因开关似乎最初来自病毒，它们可能在我们进化旅程中的某一刻跳跃到位，使我们成为今天的平脸物种。

病毒是如何工作的？

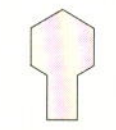

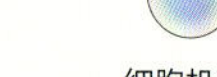

病毒蛋白　病毒基因　逆转录酶　细胞机制　宿主细胞 DNA

大多数病毒（如流感病毒）

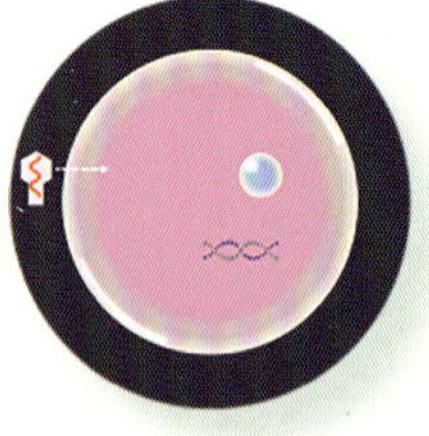
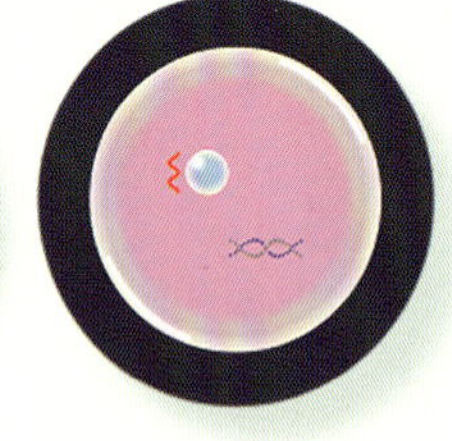
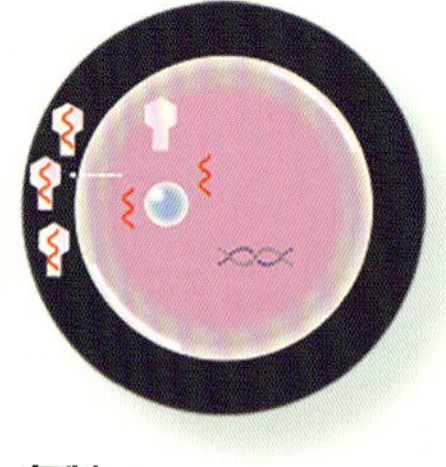

感染

首先，病毒感染宿主细胞。它的保护性蛋白质外壳破裂，病毒释放出它的基因。

劫持

然后病毒接管了合成基因和蛋白质的细胞机制。病毒强迫它复制自己的基因、合成病毒蛋白。

复制

新病毒将在宿主细胞内聚集。最终，它们会暴发并去寻找新的宿主进行感染。

逆转录病毒（如 HIV）

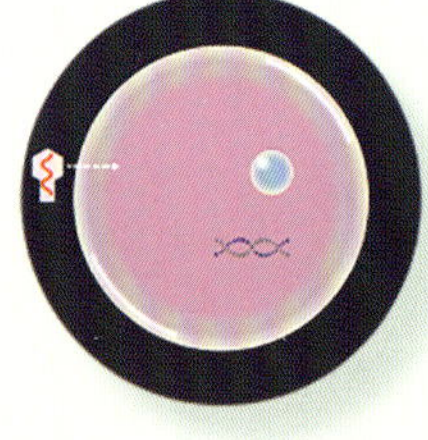
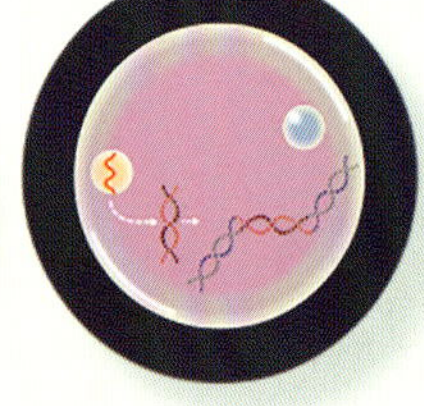
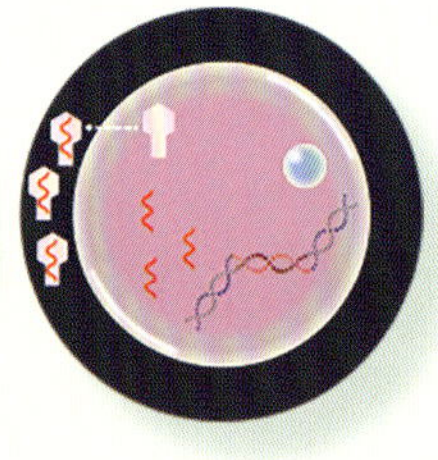

感染

病毒感染宿主细胞。它的蛋白质外壳破裂，病毒基因（以一种叫作 RNA 的类 DNA 分子的形式）被释放到细胞中。

插入

在细胞内，病毒 RNA 利用一种叫作逆转录酶的酶，将自身的 RNA 转化为 DNA，并将其插入宿主的遗传物质中。

复制

一旦被整合到细胞的 DNA 中，病毒就利用细胞复制的机制合成更多的病毒蛋白质和 RNA，它们将在细胞表面聚集。

转座子（跳跃基因）

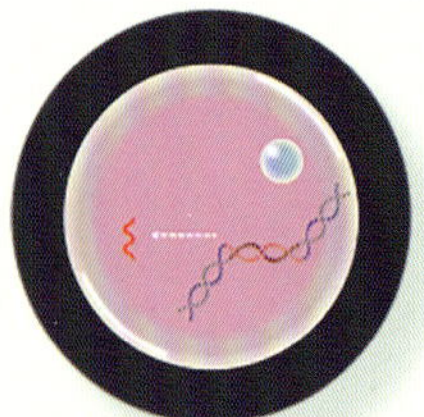
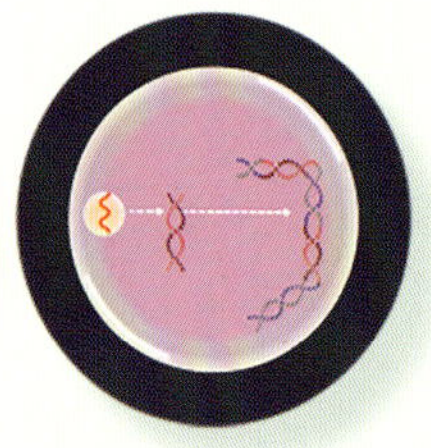
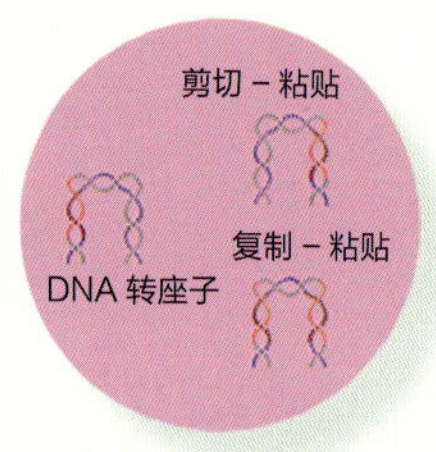

创建

嵌在细胞 DNA 中的逆转录病毒产生病毒 RNA。

插入

然后利用逆转录酶将病毒 RNA 转化为病毒 DNA。病毒 DNA 被插入宿主 DNA 的任意位置。

其他方法

并不是所有转座子都使用 RNA 复制步骤。有的可以使用基于 DNA 的"剪切－粘贴"或"复制－粘贴"方法在基因序列中移位。

病毒驯服者

除了寻找改变我们生物学早已沉寂的病毒的例子，科学家们还在寻找支撑其作用的控制机制。其罪魁祸首是被称为 KRAB 锌指蛋白的一种特殊沉默分子，它们抓住基因组中的病毒序列并将它们固定在适当的位置。瑞士洛桑大学的迪迪埃·特罗诺教授和他的团队在人类基因组中发现了 300 多种不同的 KRAB 锌指蛋白，每种锌指蛋白似乎都喜欢不同的病毒衍生的 DNA 靶点。一旦到达那里，它们就会帮助病毒招募"开启"或"关闭"基因的分子机制。

"这些 KRAB 锌指蛋白被认为是这些内源性逆转录病毒的'杀手'，"特罗诺解释说，"但它们实际上是这些病毒的利用者，这些蛋白允许生物体利用存在于这些病毒序列中的丰富可能性。"

特罗诺及其团队认为 KRAB 锌指蛋白是介于活跃有害的病毒序列和那些已经被驯服的"控制开关"之间的联系者。他们有证据表明，这些蛋白质以"军备竞赛"的方式与病毒一起进化，最初抑制它们，但最终征服它们。"我们认为它们所做的就是驯化这些病毒，"特罗诺说，"通过驯化，我的意

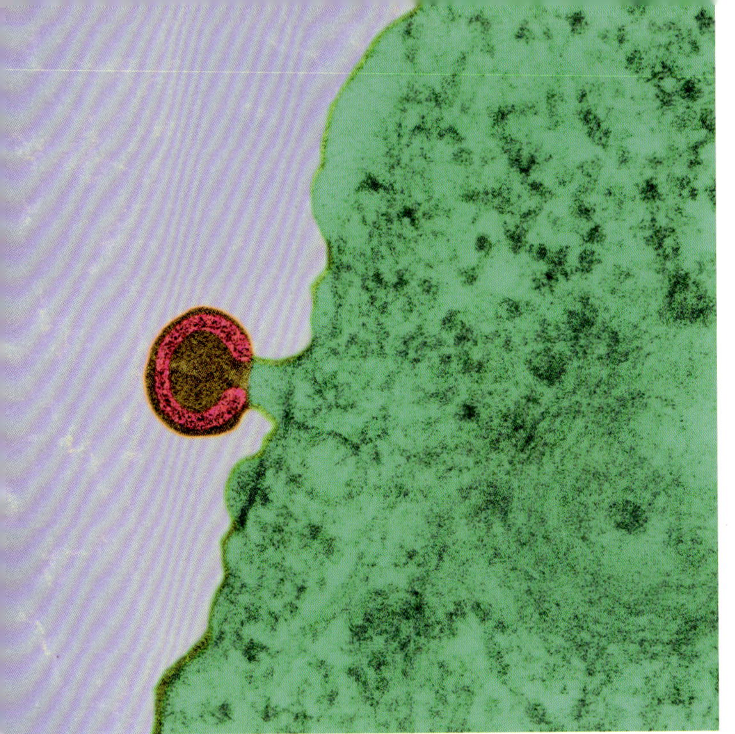

对页上图：病毒可能在人类胎盘的进化过程中起了关键作用。
右上图：人体淋巴组织中的HIV。
下图：HIV整合酶允许HIV将自身嵌入宿主细胞的DNA中。

思不仅是确保病毒保持原样，而且是把它们变成对宿主有益的东西，这是一种在各种可能的细胞和环境中调节基因活动的极精细方式。”

支持这一观点的证据是，不同组的KRAB锌指蛋白活跃于不同类型的细胞中。它们在不同物种中也有特定的模式。如果它们只是抑制病毒，按照这种说法，那么所有细胞中都应该存在相同的蛋白质序列。更重要的是：为什么它们被发现与特罗诺及其团队已经确认的数千种早已沉寂的病毒元件结合在一起？抑制已死亡的逆转录病毒是没有意义的，因此它们在控制基因活性方面一定起着重要作用。

尽管他的想法仍然有点争议，但特罗诺仍把KRAB锌指蛋白视为一种病毒监工者，利用这些病毒元件来完成我们的任务，并将它们转化为基因控制开关。数百万年以来，这可能就是创造新物种的强力引擎。例如，如果一个病毒随机地进入一个祖先动物体中而不是另一个，然后随着时间的推移，基因元件被KRAB锌指蛋白驯服，它将创建新的控制开关，这些开关可能会对动物的外貌或行为产生重大影响。更重要的是，这些跳跃元件在环境变化时期会变得更加活跃。每逢艰难时期，物种就需要找到新的适应方式，否则它们就会灭绝。激活这些跳跃元件会重组基因组，产生新的基因变异，为自然选择提供丰富的素材。

因此很明显，困在我们基因组中的病毒在进化的时间尺度上已经带给我们巨大的好处，但它们并非总是那么乐于助人。大约每20个婴儿中就有1个出生时基因组中伴有新的病毒“跳跃”，这可能会使某个重要的基因失活并致病。越来越多的证据表明转座子导致了癌细胞内的遗传混乱。有趣的研究表明，脑细胞是再激活跳跃基因的好地方，可能增加神经细胞的多样性，增强我们的脑力，但也可能导致与衰老相关的记忆问题和精神分裂症之类的病症。

那么我们DNA里的这些病毒究竟是我们的朋友还是敌人？美国纽约大学医学院转座子研究博士后保罗·米塔认为两者兼有。他解释说：“我称它们为‘友敌’，因为当你观察它们在人一生中的角色时，如果它们被动员起来，很可能会产生负面影响，短期内它们是我们的敌人；但是斗转星移，这些病毒元件将具有一种强大的进化力量，它们今天仍然活跃在我们的身体中，进化只是生物体对环境变化响应的途径，在这种情况下，它们绝对是我们的朋友，因为它们影响了人类基因组当下的工作方式。”

那么今天感染我们的病毒，如HIV，是否会对我们未来的进化产生影响？“当然！答案是为什么不呢？”米塔笑道，“但是要我们回首过去，直言这一进化已经发生，则还需要很多代人。但是你可以看到在内源性逆转录病毒和宿主细胞之间的基因组中既往军备竞赛的残迹。这是一场持续不息的战斗，我认为它从未停止过。”

凯特·阿尼是一位科普作家，也是一名播音员。

从 A 到 Z 关于你的大全

我们的身体包含 400000 亿～600000 亿个细胞，一个雄心勃勃的计划旨在绘制每一个细胞的分子特征。

撰文：凯特·阿尼

绘制人类细胞图谱是生物学历史最悠久的夙愿之一。通过研究罗马角斗士遭到重击的身躯，2 世纪帕加马王国的哲学家及外科医生盖伦写下了医学文献，并作为解剖学知识的顶峰屹立了 1000 多年，直到弗拉芒（现属比利时）医生安德雷亚斯·维萨里完成了更准确的作品。但直到 17 世纪中期，也就是维萨里去世后一个世纪、首台实用显微镜发明后，好奇的科学家才最终开始研究细胞——构成我们身体组织和器官的基石。

正如研究亚原子粒子有助于物理学家揭示宇宙的运行机制一样，生物学家发现放大我们的单个细胞可以揭示关于人体的新见解。长期以来，这是病理学家的研究领域——研究细胞和组织的物理外观以及相对有限数量的分子标志物。但是，在令人兴奋的新科学——单细胞基因组学的支持下，一个名为“人类细胞图谱”的项目旨在创建人体细胞的最终目录，精致地绘制我们每一个细胞的图谱，而由此得到的指南可以彻底改变我们对健康和疾病的理解。

细胞学

很早以前人们就清楚地知道，不同器官中的细胞都有其独特的行为方式。例如，球形的免疫细胞能识别感染，而蜘蛛状的神经细胞则有数百个分支。然而，每个细胞仍有相同的基本指令，这些指令以人类基因组的形式进行 DNA 编码。使每种细胞类型不同的是在它内部活跃的一系列特定的基因，它产生叫 RNA 的分子信息，而且由于基因特定的活性模式对于特定的细胞类型是独一无二的，所以它所产生的 RNA 也将是独一无二的，可作为一种分子指纹。

数十年来，研究人员已经能够测定不同细胞类型的基因活性（称为基因表达），其做法是将数百万个细胞混合起来，分析不同的 RNAs，看看哪些基因表达被启动或被关闭。

但测量出来的数据只是一个平均值，并没有找到单个细胞之间的差异。就像从远处看一大群人，只看到五颜六色的模糊景象，而不是每个人衣服的确切颜色。但由于近期的技术进步，现在我们可以放大地去看单个细胞内的基因活性。

一个典型的人体包含超过400000亿个细胞，尽管人们常说大约有200种细胞类型，但详细的分子分析显示，这被严重低估了。肝脏中的每一个细胞是同一类型吗？大脑中数十亿的神经元，或者大量不同的免疫细胞呢？也是同一类型吗？这些问题为国际人类细胞图谱的绘制提供了思路，该计划旨在绘制数十亿个体细胞的基因表达模式。

征程开启

2012年，绘制人类细胞图谱的想法闯入科学家的脑海。那时，遗传学家萨拉·泰克曼博士来到剑桥附近的维康桑格研究所，成立了一个研究小组，研究小鼠免疫系统中单个细胞的基因活性。在与新同事交谈时，她意识到自己的技术可能会解决更大的问题。

“尽管已经拥有数个世纪的显微镜技术，我们仍不能完全理解不同的细胞类型，”她说，“当我来到研究所时，我们开始交流看法。这有一点儿不现实，因为所需的技术当时还没有出现，但我们想，如果将来某天‘雾化’一个人的身体成为可能，人们就可以研究一个真人，审视他所有的细胞。当然，你并没有把整个人都蒸发掉，但我们认为可以从许多不同的人身上采集微量样本，然后把它们绘制成一种可广泛使用的图谱。”

> “我们可以从许多不同的人身上采集微量样本，然后把它们绘制成一种广泛使用的图谱。”

要分析数以万亿计的细胞，这绝不是单个实验室，甚至单个研究所能独立完成的任务。泰克曼和她的同事很快意识到，其他研究人员也有类似的想法，特别是美国马萨诸塞州博德研究所的阿维夫·雷格夫博士，她们开始建立一个由包括遗传学家、分子生物学家到外科医生和机器学习专家在内的单细胞爱好者组成的国际联盟。该联盟已经开始研究5种类型的人体细胞：大脑、免疫系统、上皮组织（排列在器官和血管表面）以及胎儿和胎盘细胞。除了对健康人的细胞进行分类外，项目的一部分将了解我们生病时细胞是如何改变它们的活性的，因此癌细胞也在初始列表中。

机器人研究人员

人类细胞图谱的规模和所需的准确性意味着，这不再是那种可以手工完成的工作。为了进一步了解相关技术，我拜访了斯蒂芬·洛伦茨博士。他管理着维康桑格研究所的单细胞基因组学实验室，该研究所的大部分工作都将在那里完成。

右图：用扫描电子显微镜拍摄的血细胞图像（主图像）比早期的显微镜图像（如1845年出版的插图）提供了更多的细节。

它如何工作：单细胞基因组学

为了测量单个细胞中的基因活性，你需要分离它的RNA——基因启动时产生的分子信息。研究人员通过将这些信息的序列与整个基因组（每个细胞内包含的一整套DNA）进行比较，可以找出当时在任何特定细胞中被表达的基因。

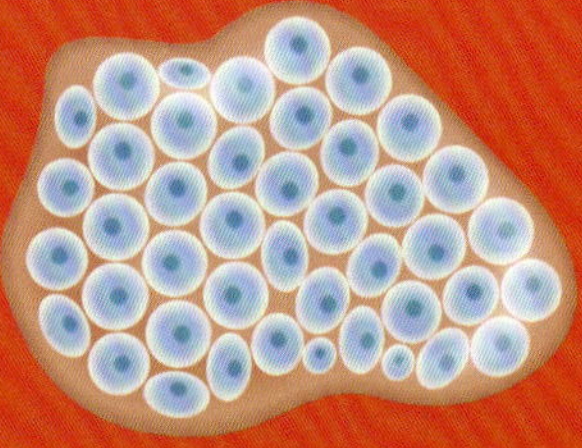

1. 使用高功率聚焦激光束、酶或其他技术将组织样本分离成单个细胞。

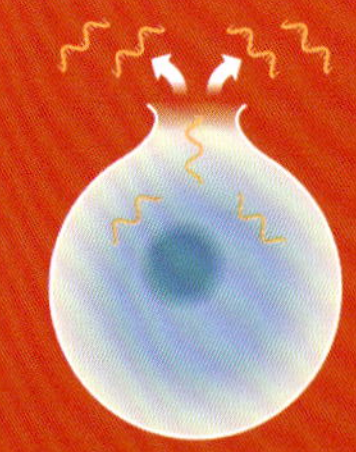

2. 打开每个细胞以释放RNA信息。

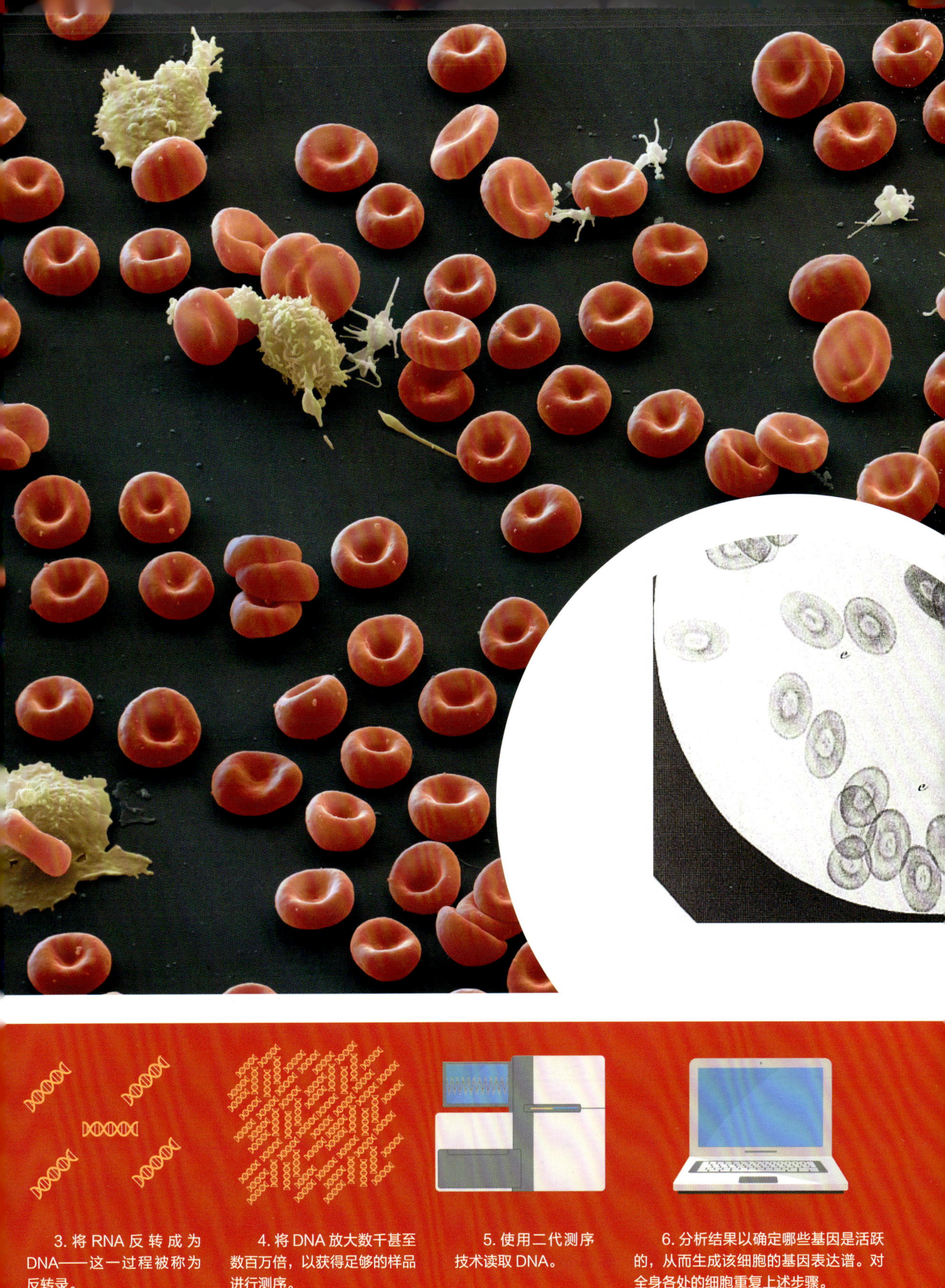

3. 将RNA反转成为DNA——这一过程被称为反转录。

4. 将DNA放大数千甚至数百万倍，以获得足够的样品进行测序。

5. 使用二代测序技术读取DNA。

6. 分析结果以确定哪些基因是活跃的，从而生成该细胞的基因表达谱。对全身各处的细胞重复上述步骤。

目标细胞

人类细胞图谱最初聚焦在 5 种类型的细胞上……

大脑

大脑可能是人体最复杂的器官，由 860 多亿个神经细胞（神经元）组成。通过绘制不同脑细胞中所有基因活性模式的图谱，研究人员希望了解神经元是如何连接和交流的，以及在精神病和神经退行性疾病中它们出了什么差错。

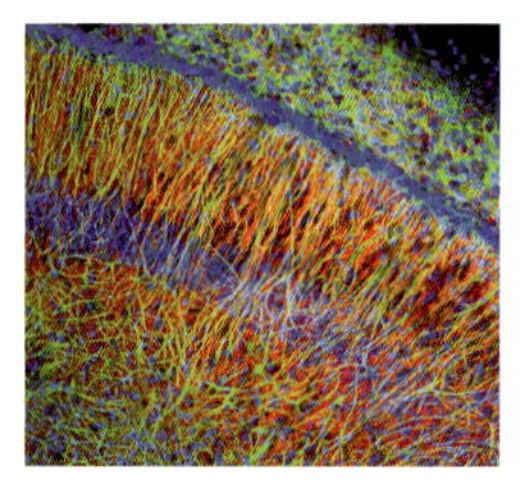

免疫系统

单在免疫系统中就有数百种类型的细胞，每种细胞在发现和应对感染或疾病方面都有不同的作用。分析每种细胞将揭示免疫系统启动时发生的变化，这将弄明白自身免疫性疾病和过敏的原因。

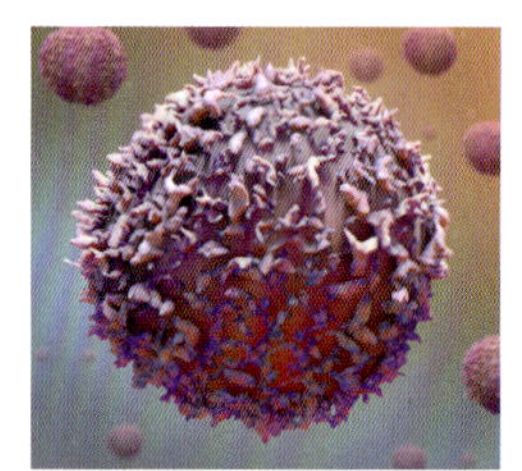

上皮细胞

上皮细胞是功能最多的细胞类型之一。它们构成了我们器官的内膜，从肠管到肺部纤弱的肺泡。确定上皮细胞如何发挥如此多样的作用，将解释器官如何生长，以及如何受到癌症等疾病的影响。

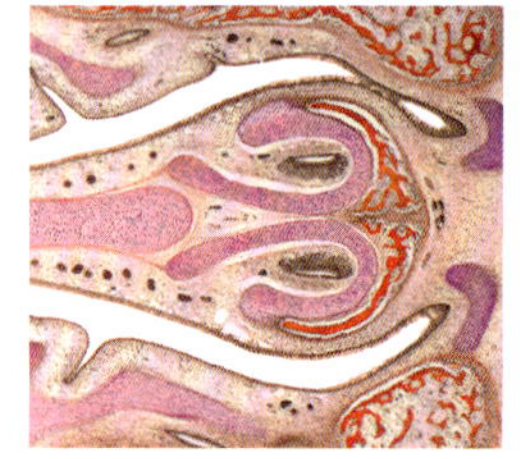

胎盘和胎儿

研究相关细胞将揭示我们如何在子宫中生长发育，以及健康的胎盘如何发育以提供氧气和营养。这将为我们提供重要的线索，帮助我们了解出生时罹患发育障碍的婴儿，或是妊娠失败时出现了什么问题。

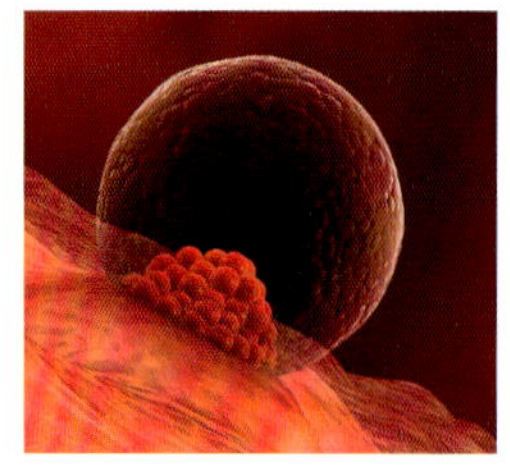

癌症

通过分析单个癌细胞的基因活性，研究人员有望找出诱发肿瘤生长和扩散的原因。为了找到防止癌症在治疗后复发的方法，他们也在寻找一些线索来解释这些“流氓”癌细胞是如何对治疗产生耐药性的。

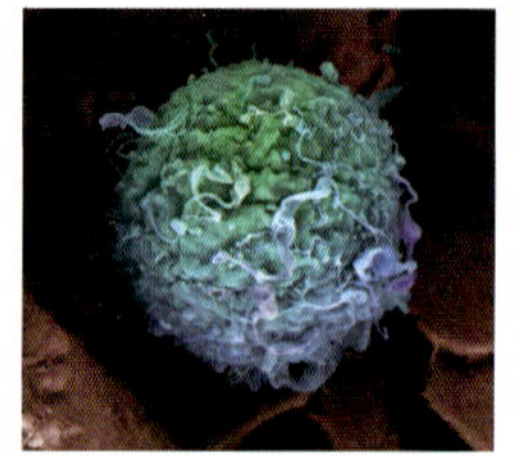

“现在我们可以理解细胞是如何‘思考和感觉’的，也可以看到细胞里面的‘思维’。”

他说：“最近几年涌现出了一系列的方法，使我们能够测量单个细胞中存在的这些微量的 RNA。现在我们可以理解细胞是如何‘思考和感觉’的，也可以看到单个细胞里面的‘思维’。通过观察细胞中的信息，我们可以推断出它们的功能，甚至它们的身份。”他解释说，更重要的是，他甚至能看到免疫系统中的单个细胞在被激活以抵抗感染时是如何变化的，或者观察 1 个细胞分裂成 2 个细胞时开启和关闭的基因。

然而，RNA 信息并不是唯一赋予细胞身份的东西。RNA 携带着制造蛋白质的指令，蛋白质在细胞内构建物理结构，并在人体内执行生理功能（例如，胃里的消化酶或构成我们皮肤和毛发的角蛋白）。洛伦茨及其同事们正在开发分析单个细胞内所有蛋白质的方法。

目前，分析单个细胞中的 RNA 需花费约 3 周的时间，尽管这个过程一直在加速。也许，比分析所有细胞挑战更大的是处理生成的数据。每个细胞大约有 85 万条信息被测序，把该值乘以数百万个细胞，得到的数据量非常大。

为了帮助解决这一难题，人类细胞图谱国际联盟从陈 – 扎克伯格倡议（由脸书创始人马克·扎克伯格和他的妻子普莉希拉·陈建立）筹得经费，以开发处理和展示来自测序实验室的海量信息的方法。

要使图谱成为对科学家们有意义的资源，使其可检索和可用是至关重要的。虽

维康桑格研究所的一个实验室，在那里将开展大量的人体细胞图谱研究。

然泰克曼还不知道数据将如何展示，但她确实已有一个有趣的想法。她说："真正具有未来感的愿景是，我们都将戴上虚拟现实头盔，能够看到虚拟身体并指出我们想看到的部分。"

描绘未来

对于 2016 年 10 月启动的这项雄心勃勃的计划，距完成目标还为时尚早，但泰克曼认为它是可行的。她解释说："我想说的是，绘制一本图谱草案，我们需要分析 3000 万到 10 亿个细胞。在过去的 8 年中，分析每个细胞的成本呈指数下降，每个实验分析的细胞数量呈指数增长。如果这种趋势继续下去，那么我们的处境就很好。"

除了满足我们对自身构成的科学的好奇心之外，泰克曼还把图谱视为生物医学研究巨大的潜在宝藏，以寻找新药的研发线索，或者发现可以作为诊断和监测疾病的生物标记物的分子。在更深层次上，她希望它能回答基因与健康之间联系的基本问题。例如，她提到了一种叫作囊性纤维化穿膜传导调节蛋白（CFTR）的有害突变，这种突变会诱发囊性纤维化，影响肺部和其他器官。

"我们知道 CFTR 在肺部很活跃，但它也在身体的其他部位表达。所以你可以查询人类细胞图谱，找到那些细胞，以理解为什么当它发生突变时事情会出错。"她解释说，"或者说你想知道一种针对特定基因表达病症的药品的副作用。你可以搜索图谱，看看该基因在哪里表达（哪些器官、组织和细胞），然后预测可预想到的副作用可能会是什么。"

准确了解各种疾病中出现的问题，快速识别出哪些细胞和分子行为异常，将有助于医生更快地诊断病情，选择最合适的治疗方案，而不必再去猜测眼下的情况。

最后，泰克曼及其研究团队将人类细胞图谱视为一种基本资源，认为有朝一日它将对生物学和医学的几乎所有方面产生影响。或许我们甚至可以称之为人类基因组 2.0。

"我喜欢！"她笑道，"人类基因组计划就是破译 DNA 序列，但人类细胞图谱在问这个序列到底代表了什么，如何读取基因密码来形成一个人体。这真是非常令人兴奋！"

凯特·阿尼是一位科普作家，也是一名播音员。

大约每 180 个婴儿中就有 1 个出生时伴有染色体异常。

72% 的女性遗传了乳腺癌 1 号（BRCA1）基因的有害突变，69% 的携带有害乳腺癌 2 号（BRCA2）基因的女性 80 岁时就会患上乳腺癌。

150 万

全世界有 150 万人患有致盲的视网膜色素病变，但现在可以通过基因疗法来治疗。

75%

据估计，高达 75% 的抗癌药物对使用它们的病人无效。

一株肠道细菌可能是下一个“超级细菌”，因为这个细菌家族会使 50% 的感染者死亡。

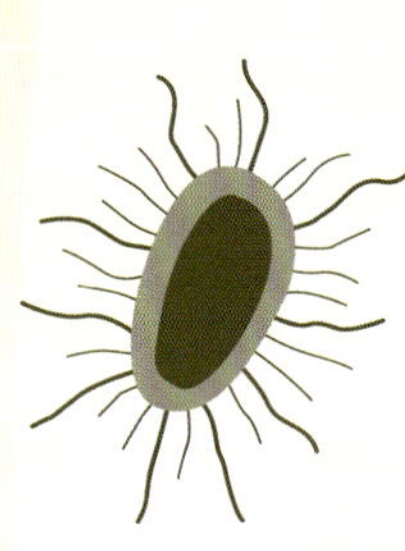

XX

唐氏综合征是由于多了一条 21 号染色体引起的。

如果母亲和父亲都携带有遗传病的缺陷基因，如囊性纤维化，那么他们的每个孩子就有 25% 的概率患该遗传病，有 50% 的概率将是该遗传病基因的携带者。

我们知道 100 多个与肥胖有关的基因。

100

你的健康

良好的饮食和有规律的锻炼将有助于保持你的健康，但它们不会保护你不受任何伤害。在你出生之前，一大堆重症和慢性病的启动密码就已经被编入你的基因中，无论生活得多健康也无法阻止它们中的任何一种被触发……但是科学家们正在努力破解这些密码，希望能提供治疗方案乃至治愈这些重症和慢性病，而其中一些可能要专门为你定制治疗方案。

你是遗传的“超级英雄”吗

最近的研究发现我们中间有几个“超级英雄”，他们的 DNA 赋予他们抵抗严重疾病的能力。现在我们只需找到他们……

撰文：凯特 · 阿尼

“超级英雄”现在无处不在。但正如克拉克·肯特（美国 DC 漫画旗下的超级英雄超人）在这个世界上游荡时没有人认识，只在人类需要他帮助时才变成超人一样，我们中间也有遗传上的“超级英雄”，在大多数情况下，他们完全不知道自己有惊人的能力。直到现在，通过对成千上万人 DNA 的拉网式搜索，我们才发现了他们的隐藏身份。

荷兰格罗宁根大学的斯科·韦敏加博士及其团队从未计划寻找“超级英雄”。他们的项目只是读取 250 个荷兰家庭的 DNA，为本国的基因构成建立一条基线。研究团队的希望是，发现与疾病相关的基因变异和突变，借此他们将能够判断这些变异是真正导致疾病的原因或仅是荷兰人基本 DNA 的一部分。

有成百上千健康的荷兰人在继续他们的日常生活并无视他们体内的缺陷基因。

然后他们找到了两个不太可能的“英雄”，都 60 多岁，都携带着名叫 SERPIN A1 基因的两个错误副本（我们每个基因通常都有两个副本，一个来自妈妈，另一个来自爸爸）。这种特殊的基因通常会产生一种蛋白质，有助于保护肺中的气管和肺泡。若没有它，这些结构将会出毛病，并在 30 至 40 岁时诱发严重的呼吸问题。但这两个人都已经 60 多岁了，并没有任何严重的肺部疾病。

韦敏加指出了数据中的其他例子，如她研究中的 177 个人，按理说他们应该患有一种名叫假性软骨发育不全的遗传病。这个遗传病会导致罕见的矮小症和关节疼痛，但他们大多数人都正常。

发现清单上还有 Wolfram 综合征（1 型糖尿病、视力减退和听力障碍）、威尔逊氏症（肝脏问题和神经系统问题）、尼曼－皮克病（神经系统问题和儿童期发育不良）等。有成百上千健康的荷兰人在继续他们的日常生活并无视他们体内的缺陷基因。

2016 年 3 月，英国伦敦玛丽女王大学的戴维·范·黑尔教授及其团队开展了一项类似的研究，分析了居住在伦敦东部的 3200 多名英国籍巴基斯坦人的 DNA。结果显示，有 38 人携带与严重疾病相关的错误基因或缺陷基因，但他们大多数人都非常健康。在这个血缘关系密切的巴基斯坦社区，血亲之间结婚的很多，人们更可能继承特定基因的两份不太健康的副本。尽管这群人患遗传疾病的概率较高，但发病率并没有预期的那么高。

同样，2015 年对冰岛人进行的一项研究显示，近 8% 的该岛居民携带两种“坏”版本的致病基因，但他们当中的多数人都非常健康。

真正的“超级英雄”

随后在 2016 年 4 月爆出了一个大发现。“13 个匿名的基因‘超级英雄’行走在我们当中。”新闻头条这样写道，并报道了对 50 多万人基因组成的分析结果。一个被称为“适应力项目”的美国研究团队发现，幸运的少数人携带着能让他们患上严重疾病的基因突变，但不知何故他们完全健康。

由纽约西奈山伊坎医学院的陈荣博士、埃里克·沙特博士以及斯蒂芬·弗兰德教授领导，科学家们在全球数据库中搜寻着有关人类 DNA 是否受到疾病影响的信息。研究团队的工作聚焦在能导

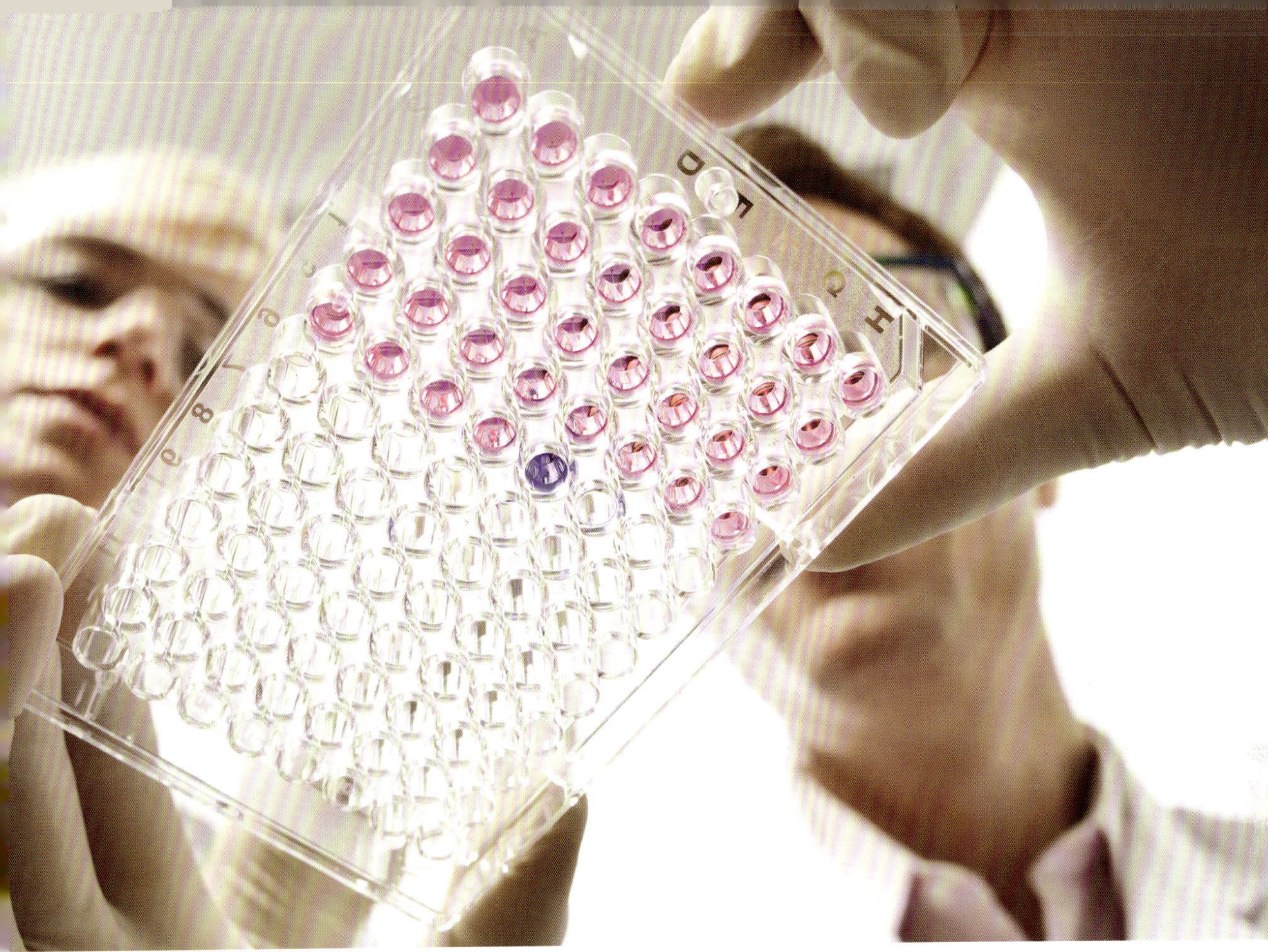

致儿童遗传疾病的基因突变上，这种病被称为孟德尔遗传病，一旦携带一个或两个有缺陷的基因副本就足以造成严重后果。

开始时，陈博士发现了大约15000个可能成为“英雄”的人，他们携带了近200个与160多种严重疾病相关的“坏”突变。经过进一步的分析后，将这一数字缩小到300人，最后得出了强有力的证据，证明只有13人对8种遗传病的选择有适应性。

其中3人对影响肺和其他器官的囊性纤维化疾病有抵抗力，3人没有受到本应诱发严重的骨发育不全病的基因缺陷的影响，2人对一种名为DHCR7的基因的突变影响免疫，该基因通常导致史－莱－奥综合征，另外5人对大脑、骨骼、皮肤的遗传疾病和自身免疫疾病具有遗传抗性。

痴等一位“英雄”

令人沮丧的是，这些“超级英雄”的身份仍然是一个谜。由于匿名和缺乏重新联系数据库中的人所需的准确无误的信息，“适应力项目”无法追踪到这些“超级英雄”中的任何一个以开展更进一步调查。这个问题导致了对本项研究的一些质疑：有可能在这一过程中存在身份混淆（在如此大规模的项目中并不罕见），或者他们确实是已经规避了轻微或较严重的遗传病。

此外可能还有其他问题，最大的是基因突变数据库本身。该资源库列出了所有已知的与疾病有关的基因缺陷，这使得韦敏加博士对她在研究中发现的许多个体的能力持怀疑态度。

她说：“它们都是疾病基因，但其中一些在荷兰人中确实很常见，这让你怀疑它们究竟是真的基因突变，还是它们只是过去出现在数据库中，但实际上并不会诱发疾病。对于其中的一些变异，大约90%的人具有突变，如果是真的基因突变就没有意义了，这些情形应该很少见。所以这也告诉我们，数据库并不是那么好。”

上图：荷兰研究团队的测试结果发现了一些令人惊讶的基因突变。

对页图：SERPIN A1是一个基因，它提供了产生一种蛋白质（蓝色）的指令，这种蛋白质可以阻断某些酶（绿色）的活性。当SERPIN A1基因有缺陷时，人体的肺和肝脏可能会受损。

也就是说，仍然有证据表明，一些“超级英雄”至少在基因意义上是真实的。尽管“适应力项目”首次研究的那些人的身份永远不会揭晓，但下一阶段有望让新一代“英雄”受到人们关注。这个计划是从普通民众中招募 100 万人，找到其中的“超级英雄”，弄清楚他们是如何拥有能力，并永远利用该能力对抗疾病。

“在这一点上，说这样的话仍然听起来相当雄心勃勃，”美国哈佛大学个人基因组计划的创始主任贾森·博贝解释道，“这就好比声称自己拥有白金唱片却没有先写一首热门歌曲一样，联络大量民众的挑战是严峻的。”

他正在寻找 3 类人来注册一个互动应用程序——几乎就像遗传学领域的脸书。该应用程序将引导他们填写同意表格和问卷调查，并随着时间的推移演变成迄今为止最雄心勃勃的基因研究项目。博贝最希望吸引到的第一批人是那些有理由相信他自己是“超级英雄”并对疾病有适应力的人。在某些情况下，他们可能有难以置信的有力证据证明这一点。

“通过全基因组测序，我们可以获得关于一个人的大量数据，并努力找出为他提供保护的因素。”

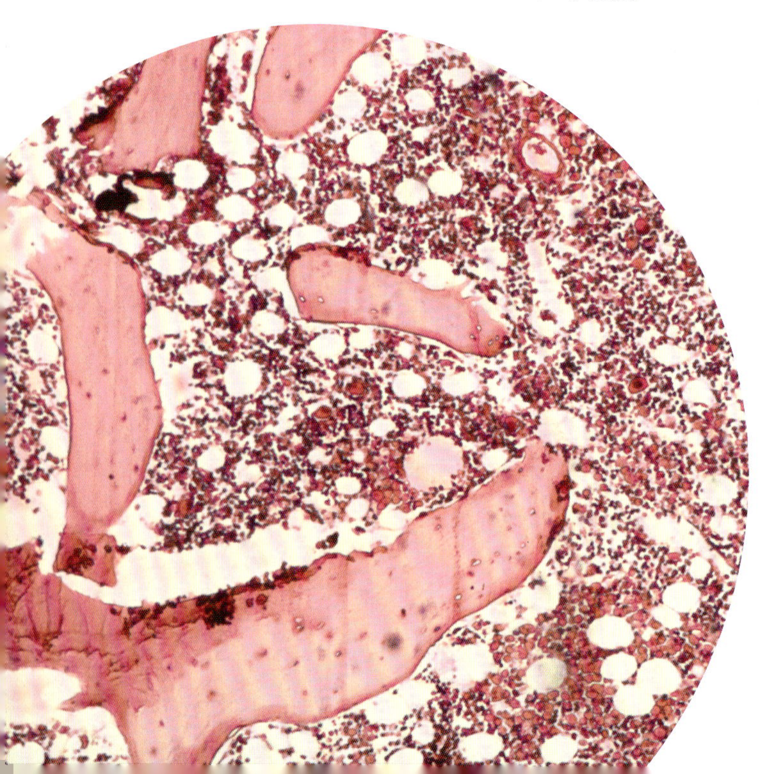

尼曼-皮克病导致名为鞘磷脂的脂肪物质在人体内堆积，如骨髓中所见。荷兰相关研究发现有些人有这种基因，但他们看起来很健康。

“举例来说，我们已发现一个有很强的早发性阿尔茨海默病家族病史的人，这种病通常在 10 年内就会致死。他已有十几位家庭成员死于这种疾病，只因一种基因突变。他现在快 70 岁了，他认为自己躲过了那颗‘基因子弹’，”博贝解释道，“因此他参加了本项研究，令他吃惊的是，他发现自己实际上也有同样的曾导致许多家人死亡的基因突变。那么问题就变成这个人有什么特别之处？他为何如此走运？”

博贝还热衷于吸引那些没有理由相信自己是“超级英雄”的人，他们只是普通基因的携带者，并没有家族病史，但他们有兴趣发现更多关于他们基因组的信息并参与研究。

属于第三类的是遭受严重孟德尔遗传病影响的人，因为他们显然没有适应力。

博贝解释说：“如果你真的正患有这种疾病，那你也应该扮演一个角色。我们希望有人参与处理和管理这些疾病，所以当我们真找到一个对囊性纤维化有适应力的人时，我们可以号召所有囊性纤维化患者作为基因解码的对照。”

破译数据

正是破译数据这一部分，使工作变得很难。就如既往研究所展示的，“超级英雄”就在那里，而且相对容易找到。但最大的挑战是弄清楚他们是如何做到这一点的。让我们以那个躲过阿尔茨海默病“基因子弹”的人为例。

博贝解释说：“这就是我喜欢说的冒烟的安全气囊，与冒烟的枪正相反。这家伙生理上有个已经爆炸了的‘安全气囊’，我们

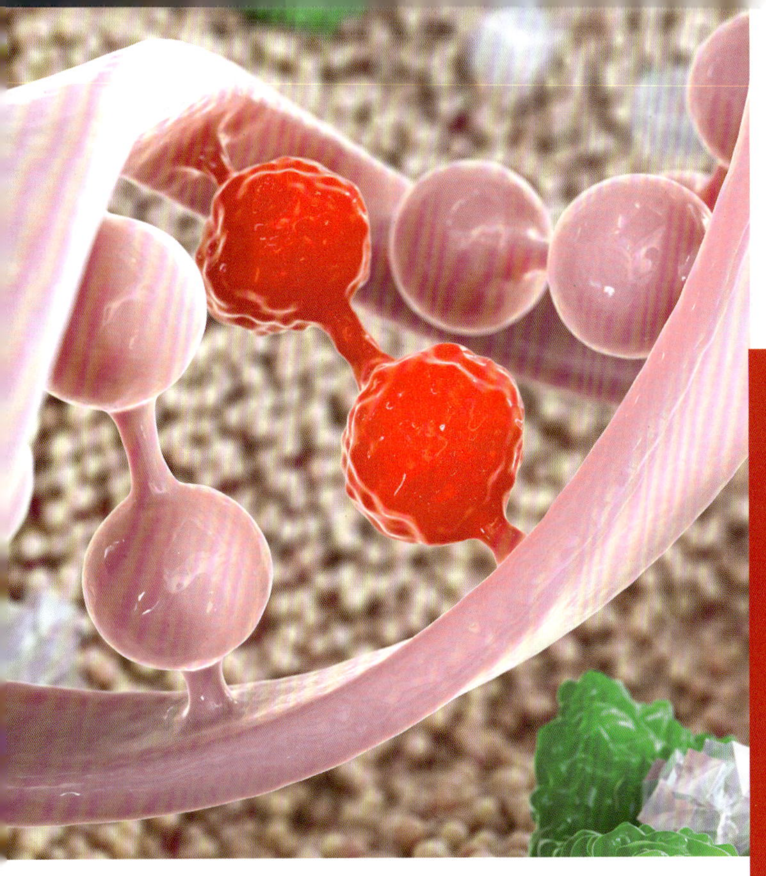

突变是如何工作的?

突变可以影响基因编码的蛋白质，使其更具有活性或更失活，或引起疾病。例如，如果你的BRCA2基因发生突变，你罹患乳腺癌的风险就更高。突变可以遗传，也可以在卵子和精子形成时发生，或者发生在受精卵中。我们遗传了每个基因的两个副本，父母各一个，但它们不一定相同。科学家们已经发现了数百种疾病，它们皆因遗传了两个有缺陷的基因（隐性突变）或仅一个有缺陷的基因（显性突变）引起。这些疾病被统称为孟德尔遗传病，用描述了它们遗传规则的格雷戈尔·孟德尔来命名。隐性突变通常会破坏基因的功能，因此只遗传了一个基因副本的人不会受到影响，因为他们剩下的健康基因可以补偿。但即便是遗传两个隐性或一个显性孟德尔遗传病的缺陷基因也不一定意味着你会受到严重的影响。基因“超级英雄”处于该基因谱的一个极端，虽携带着“坏”基因，但看起来是健康的。

需要找到它，虽然这很像大海捞针。他生命中还有什么其他的基因或环境因素使他能够逃离这种疾病，而在我们所见的每一个其他病例中，这种疾病都是致命的。

“现在我们已经有了全基因组测序等分子工具，我们可以获得关于这个人的大量数据，并努力找出为他提供保护的因素。因为如果我们能识别出一种类似于保护性基因突变的东西，而它实际上是在抵御这种遗传病，那么我们或许可以找出预防措施，或者可能开发出新的疗法。”

环境在决定某人是否抵挡得了基因突变的影响中也可能会起到作用。这可以涵盖各个方面，从一个人的饮食和生活方式到孕育他们成长为婴儿的子宫，正是这一点让韦敏加最为兴奋。

她说：“最终仍有人携带这些基因突变四处奔波，但仍然没有患病。我想如果我们发现这是环境原因，那就更好了。如果你能找出那些环境因素是什么，你就有更好的方法来治疗那些携带‘坏’基因的病人。改变你的基因可比改善你的环境困难多了。”

当一个孩子从他的父母那里遗传了错误的基因突变（红色）时，就会导致囊性纤维化。

无论是先天、后天还是两者的组合，遗传“超级英雄”的存在告诉我们，严格的孟德尔式的一个基因错误总会导致一种疾病的这个想法过于简单化了。现在，我们开始排查健康的基因，并发现了各种各样的惊喜。首先，我们需要开始观察那些携带了“纯”孟德尔遗传病基因的人，这些基因沿着一个基因图谱分布，从一端的严重患病到另一端的“超级英雄”。事实上，每个人都有点突变，可携带多达40个“坏”基因。

作为临床遗传学部门的负责人，韦敏加发现这种模棱两可的说法颇具挑战性。“我们每天都在和病人打交道，”她说，“我们对他们的基因组测序并找到基因突变，我们必须预测这意味着什么。重要的是我们已更好地了解我们的基因组，什么时候基因突变重要，什么时候不重要。过去我们有这种非黑即白的想法，但现在有各种各样的‘灰色’地带。我想说现今正是当遗传学家的有趣时刻！”

凯特·阿尼是一位科普作家，也是一名播音员。

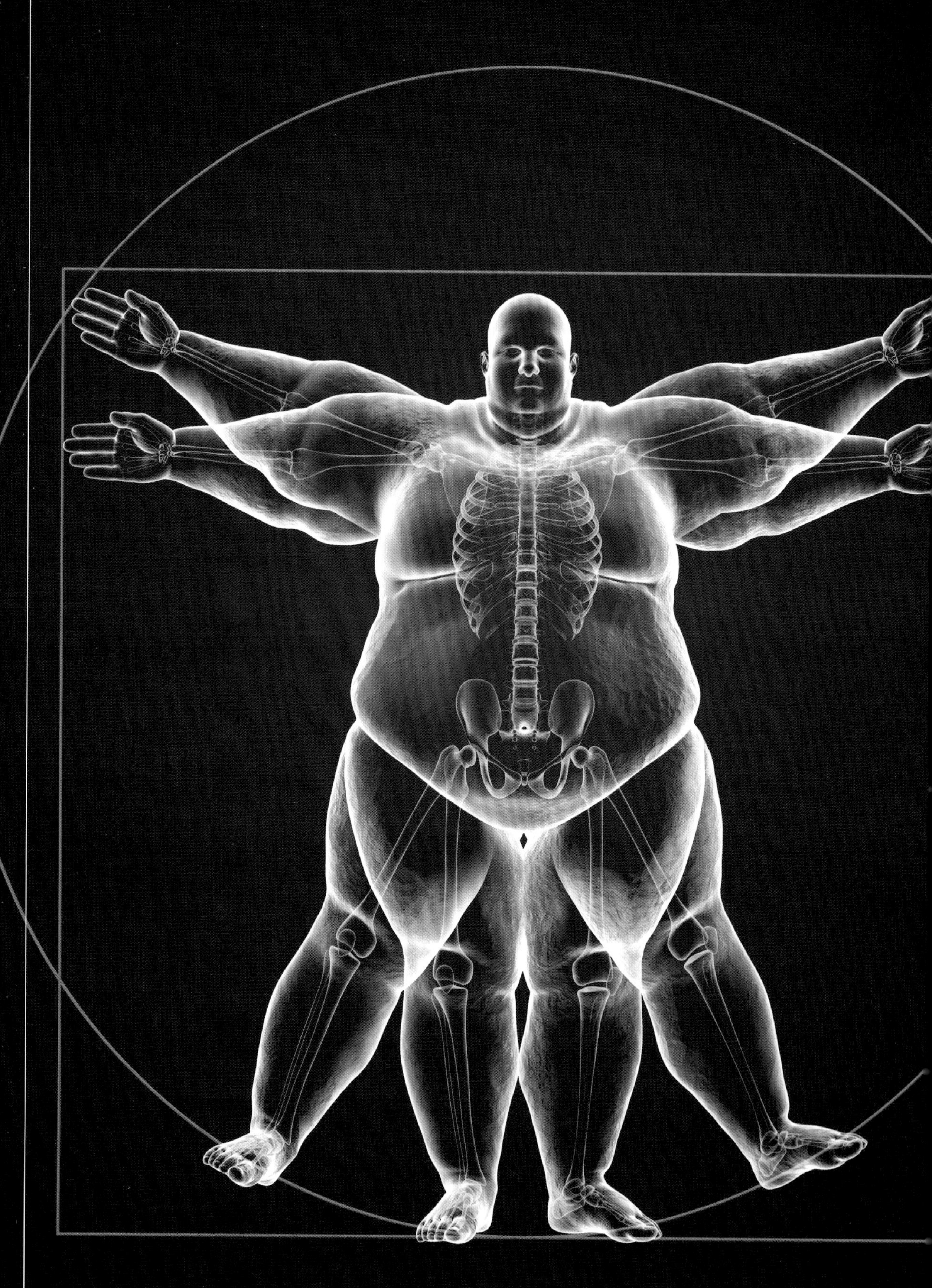

如果我的牛仔裤不合身，可以责怪我的基因吗

在英国，**64%** 的成年人出现超重或肥胖现象，许多专家警告我们正面临危机。但其解决方案是否比“少吃多动”更复杂？

撰文：贾尔斯 · 杨

最近，我工作的医院开了一家小超市。这是一处主要销售方便食品和饮料的地方。有一天我准备在那里买三明治当午餐，站在一名护士后面排队，而她手里拿着沙拉和酸奶。这名护士显然是怀着世界上最好的意愿开始了她的觅食之旅，并且如果收银台正好就在那儿，她一定会拎着健康的午餐走出小超市。然而，当结账的队伍无情地向收银台蜿蜒而去时，通常摆放在收银台附近的巧克力、糖果、薯片和其他诱惑物形成的障碍通道也出现了。护士热切地看着每样诱惑，但每次都勉强走过。这肯定发生过10次或更多。在我的脑海里，我在为她加油："加油！你能做到的！"最后，她来到了收银台，正当她放松警惕时，收银员突然问道："你要一些新烤的饼干吗？今天买一送一。"战斗失败了，护士带着额外的近800卡路里（约等于3.35千焦）的饼干走出小超市。

在这种情形下谁该受责备？我们责怪护士吗？我们责怪小超市把食物摆放在收银台附近吗？还是责怪收银员促销？我们责怪政府没有迫使小超市停止把垃圾食品摆放在收银台附近吗？我们应该批评所有人吗？

自古以来，控制食物摄入量和体重一直被认为是个简单的自我控制和意志力的问题。因此，随着肥胖已经成为一个日益严重的公共卫生问题，在大多数发达国家和新兴经济体肥胖甚至达到了某些流行病所占的比例。

主流观点认为肥胖是一个能解决的简单问题，且易于理解其原因。人们只需要少吃多运动，就能减肥。这是物理学的基本定律之一，你不能用魔术凭空变出能量来，同样你也不能把它们变得无影无踪。然而，你祖母能给你的这条明智的建议显然不起作用，因为我们越来越胖了。

难题是我们一直在关注的错误部分。要问的问题不在于我们是如何变肥胖的（我们确实吃得太多，动得太少），而在于为什么有些人吃得比其他人多。这个问题的答案非常复杂，我们现在才开始了解对食物摄入的强有力的生物和基因影响。

这是物理定律之一，你不能用魔术凭空变出能量来，同样你也不能把它们变得无影无踪。

激素与遗传

现在我们知道，有激素在血液中循环并向大脑发出信号，让大脑知道身体的营养状况。广义而言，这些信号有两个来源。一个是源自长期存储能量的脂肪分泌的激素，让我们的大脑知道我们有多少脂肪，这是非常关键的信息，因为我们有多少脂肪基本上意味着，我们没有食物还能坚持多久。另一个是由胃和肠道分泌的激素，这些是让我们的大脑知道我们正在吃什么和刚刚吃了什么的短期信号。大脑整合了这些长期和短期信号，并在下一餐时影响我们的进食行为。这是我们的"燃油传感器"。然而，当全人类（事实上是所有的哺乳动物）拥有相同的"燃油传感器"时，人类却有着不同的外貌和大小。越来越清楚的是，体形和体重的变化受到遗传学的强烈影响。

研究双胞胎是确定特定性状遗传力非常有价值的工具之一。同卵双胞胎是基因

克隆，而异卵双胞胎（或非同卵双胞胎）有 50% 的遗传物质相同，就像你和你的兄弟姐妹一样。因此，通过研究足够多的双胞胎，包括同卵双胞胎和异卵双胞胎，人们可以观察任何可能含有遗传因素的性状，如眼睛颜色、头发颜色、身高或体重，并计算出每个性状的遗传程度。

正如你所想象的，眼睛颜色和头发颜色这些性状几乎完全是由基因决定的，环境的影响很小。相比之下，虽然像长雀斑这样的性状明显受到了基因的影响，但雀斑是否出现、出现在哪里以及出现的数量取决于你在阳光下待了多久。令人惊讶的是，体重的遗传力相当于身高的遗传力。没有人会质疑身高是由基因决定的：高父母=高孩子。众所周知，骨骼和文字记录显示，今天的人类比一到两个世纪前的人类高出数厘米。作为一个物种，我们为什么变得更高？只因饮食、环境和生活方式的改变。

这和体重的说法是一样的，只是变化发生的时间比较短。与 30 年前相比，由于饮食、环境和生活方式的改变，我们现在的肥胖程度更高。但这并不能改变这样一个事实：如果我们的父母超重，我们就更有可能超重。

今天，我们有很多可供选择的食物，而且受到各种促销信息的轰炸，诱使我们买得更多。

肥胖者最好的朋友

遗传方法为描述食物摄入和体重控制的机制提供了一个有效的工具，并使我们能够理解在肥胖状态下这些机制是如何变得有缺陷的。

在过去的 20 年里，遗传研究强调的脂肪感应途径之一是感知肥胖的瘦素 – 黑素皮质激素通路。瘦素是由脂肪产生的，它向大脑发出信号，告诉大脑体内储存了多少脂肪，而大脑中的黑素皮质激素则感知瘦素的水平，进而影响食物的摄入。我们知道这一途径在控制食物摄入方面是至关重要的，因为控制瘦素或黑素皮质激素的基因被破坏会导致人类严重肥胖。当这条控制途径被破坏时，大脑会认为你的脂肪比实际的少，从而驱使你吃得更多以获得更多的脂肪。这条脂肪感应途径对所有哺乳动物，包括对狗都至关重要。

众所周知，拉布拉多犬是英国和北美最受欢迎的宠物狗品种之一，它非常享受进食的过程，因此容易肥胖。我们发现，近 1/4 的拉布拉多犬在控制黑素皮质激素途径中存在基因破坏，这使得它们比其他种类的狗更容易受到食物的刺激和变胖。拉布拉多犬如此受欢迎的主要原因是它们的可爱性格和可训练性。这些特性也是它们被大量用作导盲犬的原因。将近 80% 的导盲拉布拉多犬携带了这种基因突变，因此我们认为它们的性格和可训练性是缘于它们对食物受基因水平驱使的行为。

全都在我们头脑中

然而，从人类的角度来看，控制黑素皮质激素途径的基因破坏导致严重肥胖仍属罕见现象。目前困扰我们的“常见”肥胖更可能缘于多基因遗传，并伴有许多不易觉察的遗传变异。每个基因本身都有一个几乎不可察觉的影响，但它们共同产生了一个累积的可测量结果。现在我们知道 100 多个与肥胖有关的基因。这些基因包括在控制黑素皮质激素途径中发现的许多基因，它们主要在大脑中起作用，影响食物的摄入。有证据告诉我们，这些基因变异的风险更高，会使你的大脑对来自脂肪和肠道的激素略微不敏感，结果是我们中的一些人简单地一直感觉有点儿饿。

让大多数人可能感到惊讶的是，体重的遗传力与身高的遗传力相当。

不饿的时候不吃东西真的很容易，这不费吹灰之力。但是，你有没有试着在你还饥肠辘辘的时候停止吃东西？即使是一顿饭这也很难，因为这不是我们的初衷。我们人类已经进化到在饥肠辘辘的时候有食物就吃，而不是停下来。

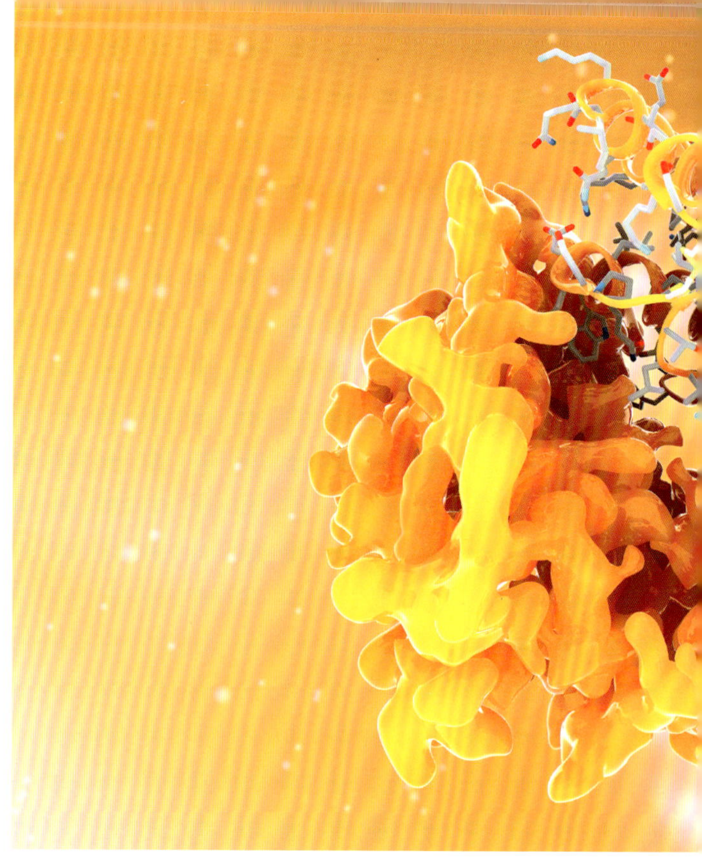

瘦素是由身体脂肪产生的，它告诉大脑体内储存了多少脂肪。

所以事情是这样的。瘦人在道德上并不高人一等或具有钢铁般的意志力，他们只是觉得不是特别饿，所以更容易吃饱。同样，肥胖的人在道德上并没有丧失、懒惰或变坏。更确切地说，他们在与自己的生理抗争。从本质上讲，肥胖的人的大脑会认为他的脂肪比实际情况略少些，而且他吃得比上一次稍微少一些，进而导致他下一餐吃得更多。但是他并没有吃别人的两倍那么多。他也许仅多吃了 5%。但每天多一点，加起来就是一辈子的巨大差别。

“哦哦哦”因素

考虑到饮食对维持我们生命的重要性，我们的大脑已经进化出策略，以确保吃东西时它也感觉到“好”或有奖赏，即“哦哦哦”因素。这一点很容易用大家熟悉的“甜点胃”来说明，尽管之前的菜肴已经

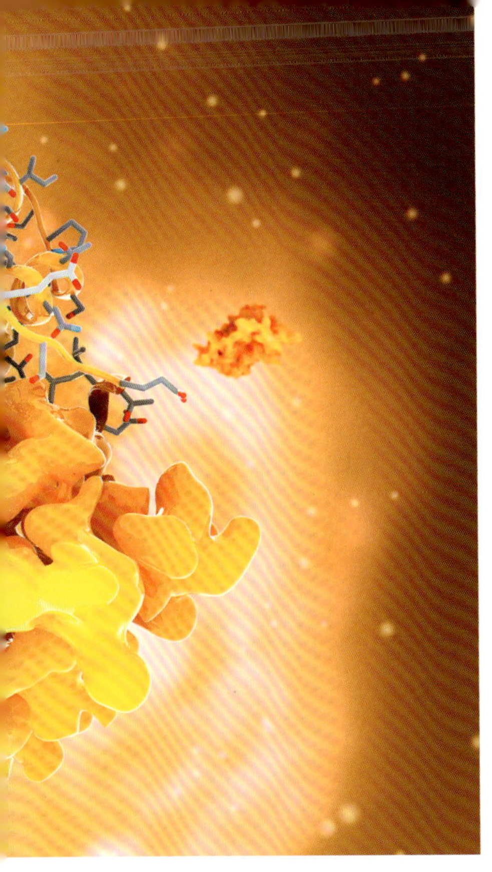

让人觉得饱了。但某些食物，如典型的高热量甜点，会比其他食物更能激发大脑中的奖励感觉。这给了我们一个重要的动机，确保我们能储存所有额外的能量，确保足够的燃料储备来追捕下一只“羚羊”。为了在多重饥荒中存活下来，经过几十万年的进化，继续寻找食物的动机不论多小，只要能增加一点儿就都是进化的优势。从尝着好吃、可能无毒的食物中得到的奖励反馈是有益的，对指导我们饮食行为的发展和调控是有用的。

我们中的很多人在许多方面仍然坚信，我们每个人对自己的饮食行为都处于完全的“执行控制”之中，环境对我们的外貌和体形负责，而我们的基因只起极小的作用。然而，重要的是别忘了食用食物的动力是促进生存的最原始本能之一。它经过数百万年的进化才形成，为生物提供了适应和应对营养缺乏时期的机制。

近 1/4 的拉布拉多犬携带一种让它们有进食动机的基因突变，因此容易肥胖。

因此，我认为在我们当下的环境中超重确实归于自然，甚至是高度进化的本能反应。主要问题是目前的环境，如护士购买午餐时排队面临的诱惑，其中高热量食品及刺激性食物无处不在，再加上生活方式的同步变化，与我们已经适应了的几千年的简朴环境格格不入。这就相应地促使肥胖成为当今的严重问题。

我充分意识到，如果没有这种“肥胖基因”环境，我们大多数人不会超重或肥胖，但是在我们努力应对 21 世纪最大的公共卫生挑战之一时，否认基因在我们对这种环境的反应中所起的核心作用是无济于事的。

贾尔斯·杨是剑桥大学 MRC 代谢疾病课题组的首席研究助理。

治疗失明的方法

病毒并不总是坏的，人们可以利用它们把健康的基因传递到细胞中，以减缓遗传性眼病的发展进程。

撰文：西蒙 · 克朗普顿

人们对黑暗的恐惧根深蒂固。根据英国皇家学会的一项调查，英国更多的成年人更害怕失明，而不是患上阿尔茨海默病、帕金森综合征或心脏病。

随着看似神奇的治愈失明的想法成为现实，这种情况可能会改变。基因治疗的新进展已经给几十个本来会终生失明的人带来了光明。

伦敦大学学院眼科研究所的罗宾 · 阿里教授认为，基因疗法是治疗失明的先进新方法。阿里说："它给视力带来了惊人的改善。"制药行业现在投入了巨额资金，正在开发一系列药品。

基因治疗使用经过修饰的病毒，把一个健康的基因传递到具有相同基因但发生突变的细胞中。健康基因代替突变基因，使细胞开始正常工作。眼睛是此类基因治疗的理想场所：它易于访问，并且还可以部分屏蔽免疫系统，进而降低了人体防御机制攻击病毒的可能性。

自 2007 年以来，基因治疗研究的主要焦点一直是罕见的遗传性视网膜疾病，特别是先天性黑蒙症（LCA）和无脉络膜症。这些疾病导致视网膜细胞的损坏。英国和美国的研究表明，基因治疗可以减缓病情恶化甚至改善视力。虽然有迹象表明这种改进在几年后可能会减弱，但许多专家认为，现在已经证明了这些原理，有动力完善此项技术，并开发它用于更多常见的遗传病。

问题在于，虽然科学家们知道导致像 LCA 和无脉络膜症等遗传病的基因，但他们并不了解导致与年龄相关的视网膜黄斑变性病或大多数其他眼部遗传病的基因。现在的挑战是找到致病基因。

曼彻斯特、牛津、巴黎和达拉斯的研究人员正在研究一种更具实验性的基因疗法，称为光遗传学。此技术有着惊人的潜力，可以帮助治疗所有因视网膜视杆细胞和视锥细胞损伤所致的失明。在对视网膜受损小鼠的实验中，英国曼彻斯特大学的研究人员利用病毒将编码眼睛视杆细胞内感光色素（视紫红质）的基因注入视网膜后面的细胞。经过治疗后，以前失明的老鼠可以判断物体的大小并辨别黑白条。研究人员希望尽快在人类身上开始试验。

西蒙 · 克朗普顿是《泰晤士报》和《每日电讯报》的前健康编辑。

什么导致失明?

人与人之间的视力损失并不相同

视网膜色素上皮损伤

视网膜色素上皮是视网膜后面的一层细胞，滋养并维持感光细胞。它附着在一层充满血管的脉络膜上。例如，与年龄相关的黄斑变性会损伤上皮细胞，从而导致视杆细胞和视锥细胞死亡。

视网膜疾病

视网膜是位于眼睛后面的组织的感光屏。它包含被称为视杆和视锥的感光细胞。视杆细胞对光线、黑暗、形状和运动敏感，而视锥细胞对颜色敏感。包括视网膜色素变性病在内的许多视网膜疾病会损伤或破坏视杆细胞和视锥细胞。

角膜和晶状体问题

当光线进入眼睛时，它通过前面的角膜和其中的晶状体聚焦到视网膜上。支撑肌肉改变晶状体的形状以聚焦。角膜变形、晶状体缺乏聚焦力和眼球畸形都会导致屈光不正，它们在部分视力丧失或失明病例中占 50% 以上。

视神经损伤

视网膜中的神经纤维通过视神经将感光细胞的脉冲传递到大脑。来自视网膜的大约 120 万条神经纤维汇聚形成视神经。青光眼是一组常与眼球压力升高相关的疾病，如果不加以治疗，它会损害视神经并引发失明。

黄斑变性

黄斑是视网膜的中央区域，通常视力最敏锐。它的中心是一个叫作中央凹的区域，该区域具有的视锥细胞浓度最高，可提供高分辨率的视觉。黄斑变性导致这些重要区域的感光细胞退化。

黄斑变性病

屈光不正

青光眼

视网膜色素变性病

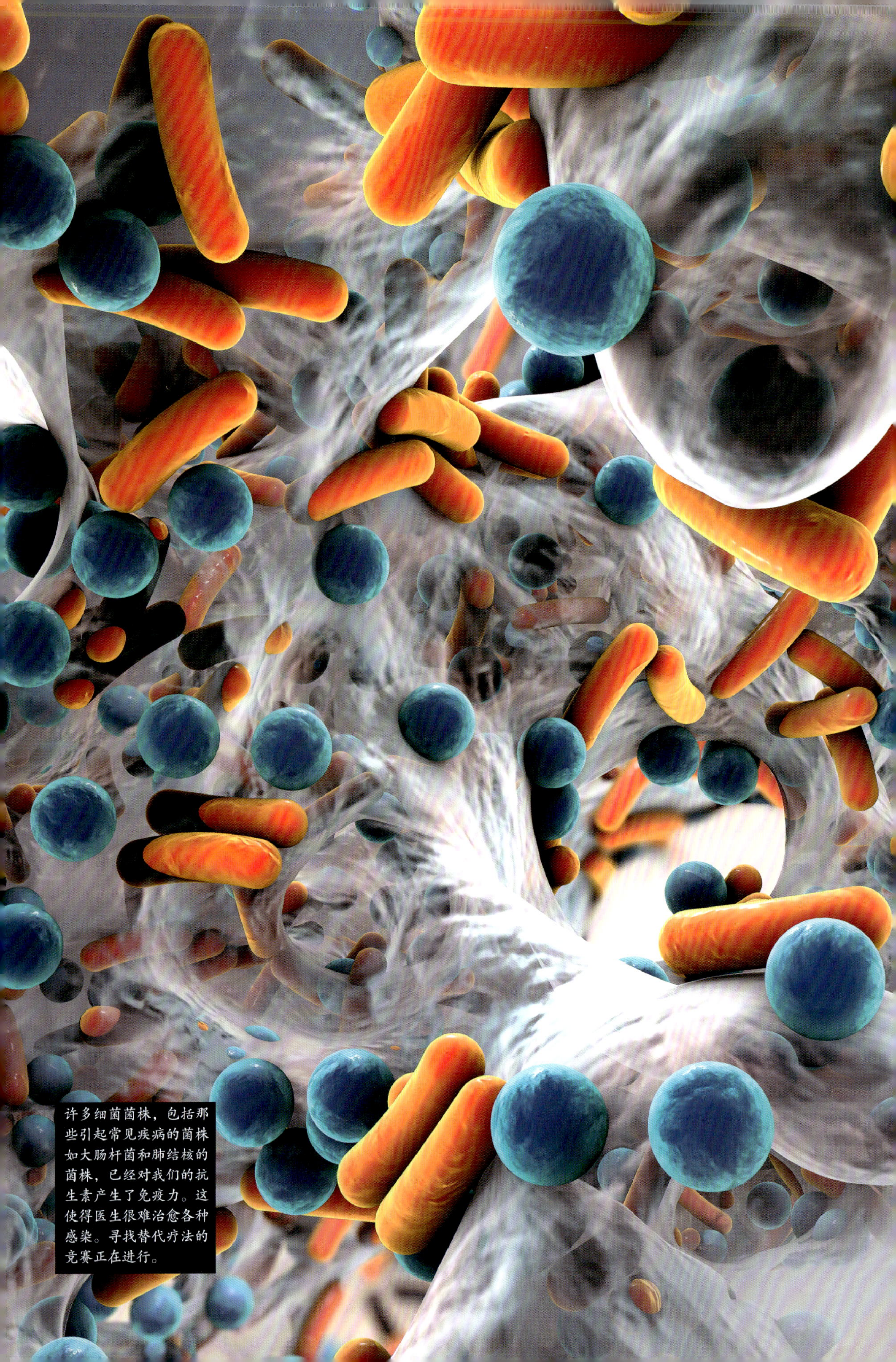

许多细菌菌株，包括那些引起常见疾病的菌株如大肠杆菌和肺结核的菌株，已经对我们的抗生素产生了免疫力。这使得医生很难治愈各种感染。寻找替代疗法的竞赛正在进行。

击败超级细菌的战斗

抗生素耐药性是对人类最大的威胁之一。基因突变正在使细菌变异，保护它们免受药物的袭击。而且更糟糕的是，病毒、真菌和寄生虫也在产生耐药性。那我们该怎么办呢？

撰文：汤姆·艾尔兰

如果你是世界末日灾难电影的粉丝，你应该熟悉可能导致文明衰落的各种事物：小行星撞击、致命病毒、外星人入侵、世界末日核大战，也许甚至是僵尸爆发。

但是抗生素耐药性呢？现在专家们认为，耐药细菌的传播可能是社会的最大威胁，甚至比全球恐怖主义、气候变化和你在电影院看到的任何东西所造成的危险都要大。

有迹象表明，这种抗生素耐药性已经降临到我们身上：仅在欧洲和美国，每年就有至少5万人死于对常规治疗无效的感染。每个国家都发现了耐药性细菌。如果当前趋势继续下去，世界上所有的抗生素药物都可能在短短几十年内失效。根据《抗菌药物耐药性评论》的一份报告，如果不能解决该问题，到2050年世界人口将减少近5亿，全球经济将损失100万亿美元。

为什么抗生素很重要？

抗生素可杀死或抑制细菌的生长，帮助我们治疗轻微和严重的细菌感染。它们被用于医学的所有领域，包括治疗如痤疮等皮肤病，像食物中毒等更严重的感染，以及诸如肺结核和脑膜炎等致命的传染病。抗生素还可以防止伤口在受伤或手术后被感染，并有助于保护免疫系统受损的人，如正在接受癌症治疗的患者或最近接受器官移植的人。

从护肤霜到药丸再到注射剂，有数百种不同类型的抗生素，每种都是针对不同类型细菌引起的不同感染而开发的。自从70多年前引入抗生素以来，抗生素已使全球平均预期寿命增加了约20岁。这些神奇药物出现之前的生活令人恐惧——任何引起感染的东西都可能杀死你，甚至是剪一张纸。在使用现代抗生素之前，相信所有死亡中约有40%是由未经治疗的感染引起的。

亚历山大·弗莱明发现了青霉素，进而改变了医学界。

抗生素如何起作用？

抗生素是破坏细菌细胞关键过程的化学物质。为了安全地用作药物，它们必须在不损害人体组织的情况下对细菌细胞产生特异性影响。1928 年，苏格兰科学家亚历山大·弗莱明发现了第一种现代抗菌药物——青霉素。青霉素由霉菌中的一种真菌产生，可以抑制细菌细胞壁的合成。人类细胞没有这些坚硬的细胞壁，因此不受青霉素的影响，并且数十年来已经开发了许多类似的药物。

其他抗生素干扰细菌生长所必需的过程，如蛋白质、DNA 或能量的产生过程。

细菌如何产生耐药性？

虽然细菌似乎在某种程度上会“学习”如何对抗我们，但细菌耐药性的发展是细菌进化的必然和自然的一部分。细菌每次繁殖，都会分裂成两个并复制其 DNA，这一过程中的缺陷意味着，在数以百万计、数十亿甚至万亿计的繁殖细菌细胞中，每一代的 DNA 中都有许多“错误”——突变。

由于变异的数量过于庞大，随着时间的推移，一小部分细菌会偶然地产生一种改变，这意味着它们对某些抗生素具有免疫力。例如，突变可以微妙地改变抗生素靶向的关键分子的结构，使其失效。或者，这可能意味着细菌开始产生一种破坏药物抗菌性能的化学物质。在青霉素的例子中，许多细菌已经进化产生了被称为 β-内酰胺酶的化学物质，该化学物质可以中和药物的作用。

一旦出现，细菌耐药性就可以从一种细菌“跳”到另一种细菌。微生物会在一个叫作水平基因转移的过程中自然地交换遗传物质——要么通过紧密接触，要么在彼此之间形成某种桥梁。这有助于细菌改组其 DNA 并共享有用的基因，但往往导致耐药的基因会从无害细菌跳跃至更致命的细菌。

病毒、真菌和寄生虫也会产生耐药性，这就是所谓的微生物耐药性，或“AMR”。甚至昆虫和杂草也对我们用来消灭害虫和保持农作物健康的化学物质产生了耐药性。

耐药性如何传播？

当抗生素被过度使用时，细菌耐药性就成了一个大问题。使用抗生素会杀死人体内的许多细菌，包括好的菌株和坏的菌株。这意味着对抗生素具有抗性的细菌可以自由地在（人体）这个空间内栖息并繁殖，且没有竞争。这可能会导致人得病，也意味着他们将携带大量的耐药性细菌，然后再传染给其他人。医院就像耐药基因的运输枢纽：抗生素被大量使用，将耐药基因集中在病房中，然后将它们传递给员工、其他细菌和患者。

抗生素使用频率越高，耐药菌就越有可能在任何给定位置占主导地位。而且不仅是人类医学有助于传播耐药性细菌，在某些国家，通常例行地对牲畜施用抗生素，以促进牲畜生长或防止感染在畜群中传播，这意味着带有耐药基因的病菌通过受污

9 种最危险的抗生素耐药菌

2017 年，世界卫生组织公布了世界上最危险的细菌清单。9 种针对这些耐药菌的新抗生素的开发被列为高度优先或至关重要的事项……

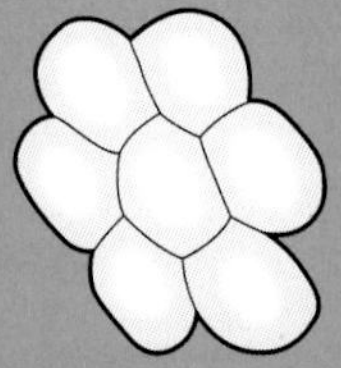

鲍曼不动杆菌

这会导致肺炎，以及免疫系统受损的人的伤口感染和血液感染。

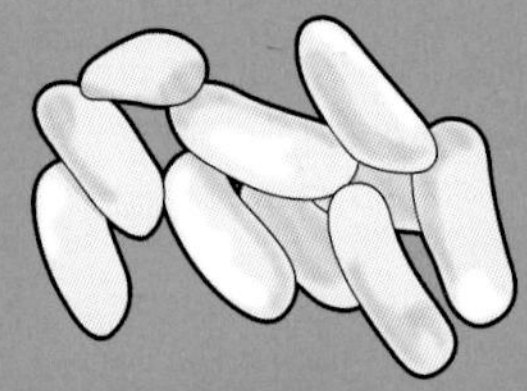

肠杆菌科

担心其成为下一个超级细菌，耐碳青霉烯类肠杆菌杀死了高达一半被它们感染的患者。

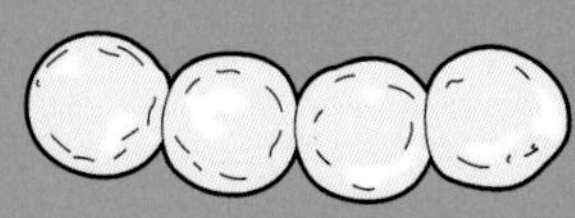

屎肠球菌

这种细菌引起尿路和血液感染。它对万古霉素产生了 6 种耐药性。

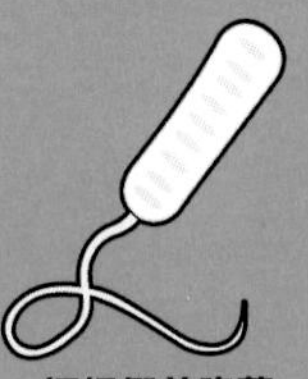

铜绿假单胞菌

这种病菌对“万不得已”的抗生素具有抗性，可在易感患者中引起致命感染。

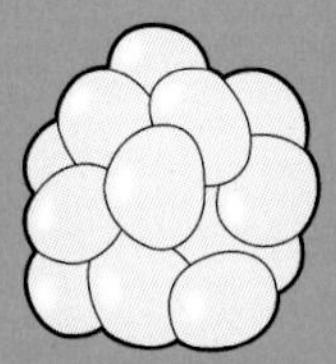

金黄色葡萄球菌

它在人群中约 1/30 的人皮肤上无害生存，但如果它深入人体，可能导致致命的感染。

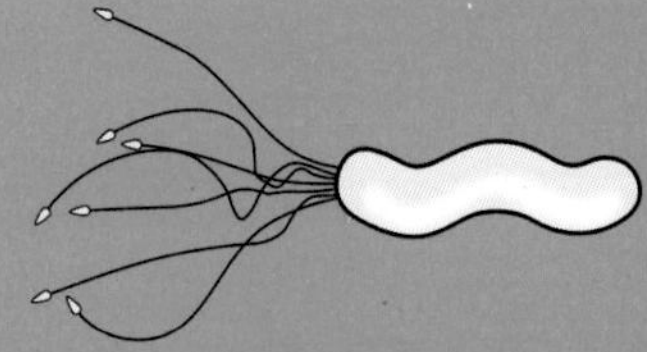

幽门螺杆菌

通常是引起胃溃疡的病因。突变使得最常见的治疗药物克拉霉素无效。

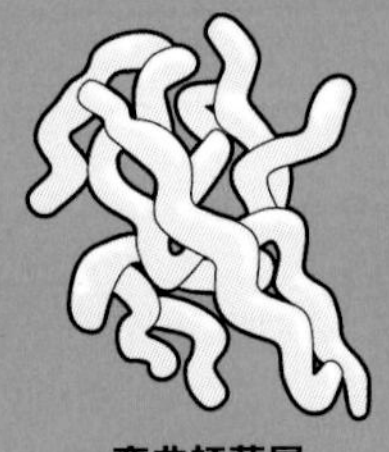

弯曲杆菌属

在生肉中发现了弯曲杆菌，它会引起食物中毒。它对氟喹诺酮的耐药性越来越强。

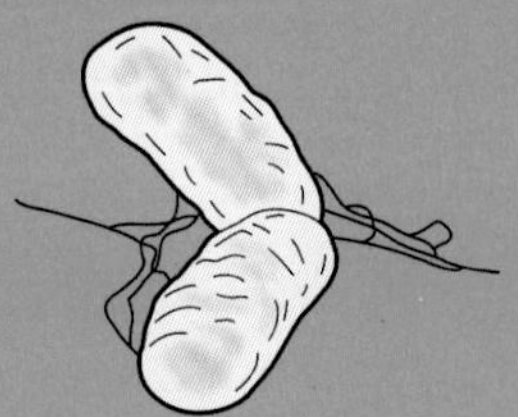

沙门氏菌

成千上万的沙门氏菌株可以引起疾病，如伤寒和食物中毒等。

淋病奈瑟氏球菌

导致淋病性传播感染的原因，从 20 世纪 40 年代开始其就有抗生素耐药性。

染的肉、动物产品或施肥的农作物又传回人类。

如果抗生素失效了呢？

毫无疑问，死于肺结核和脑膜炎等细菌感染的人数会上升。我们当前认为是非致命的感染随着抗生素失效也将开始引发严重的疾病和死亡，甚至像脓肿之类的微不足道的疾患也将变得难以治疗。

但这对医疗保健的影响将更加深远。每年全世界都要进行数十亿次的手术，而且几乎所有的手术都需要抗生素来预防手术期间和手术后的感染。在英国，每 4 个婴儿中就有 1 个是剖宫产的，而抗生素可以保护母亲和婴儿。

我们仍然不知道的事

1. 我们还有多长时间?

由于抗生素耐药性的发展是以基因的偶发突变和随机转移为基础的，所以很难预测何时何地会出现耐药性，以及我们有多少时间来找到解决办法。然而，我们正在利用新手段来帮助识别和监测世界各地的耐药“热点”。

2. 我们能在全球范围内解决这个问题吗?

在许多方面，我们抑制抗生素耐药性的努力与气候变化有相似之处：如果其他国家继续保持现状，一个国家的努力就毫无价值。某些国家已经取得了重大进展，但让某些国家现在不使用抗生素不太容易。

3. 我们什么时候会有新药?

目前尚不清楚对新抗生素的研究，以及延长现有抗生素寿命的新策略到底将取得怎样的成功。新药可能需要几十年的时间才能被证明可以安全地广泛使用，并且要花费数百万美元来研发。而经过这些研究后，细菌却可能会进化出绕过这些新药的方法。

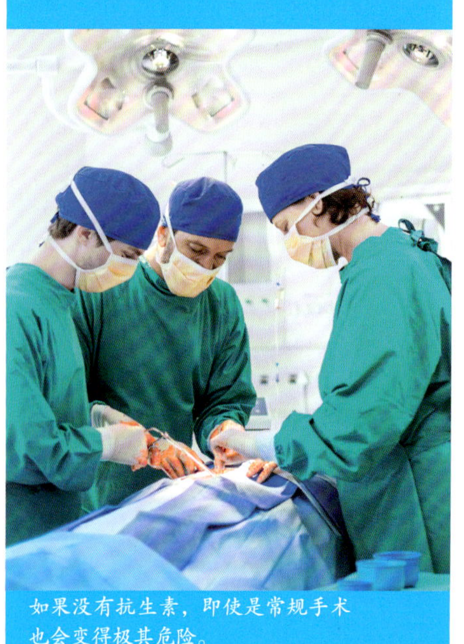
如果没有抗生素，即使是常规手术也会变得极其危险。

如果没有抗生素，这些手术后死于感染的风险可能意味着手术的失败。如果抗生素不再有用，我们可能不得不彻底改变我们的行为方式。

我们应该有多担心?

很担心！许多细菌菌株已经对一种以上的抗生素产生了耐药性。这些“多重耐药性”（MDR）生物或“超级细菌”已经给医疗保健系统带来了压力。

英国医疗官萨莉·戴维斯教授最近表示，预期寿命不断增长的黄金时代可能很快会让位于死亡率开始上升的时代。她在政府对抗生素耐药性询问中指出，与气候变化相比，她更担心的是“在常规手术中的手术室死亡”。医院正在努力清除病房中的多重耐药性细菌，如抗甲氧西林金黄色葡萄球菌（MRSA），而目前已在100个国家发现了广泛耐药的结核病，每年造成20多万人死亡。在引起食物中毒的常见大肠杆菌中，现在对抗生素的耐药性非常普遍，以至常规治疗对超过一半的患者无效。而且研究人员已经发现了对我们的“最后手段”抗生素有耐药性的菌株。治疗携有这些危险细菌的患者是困难、危险和昂贵的。

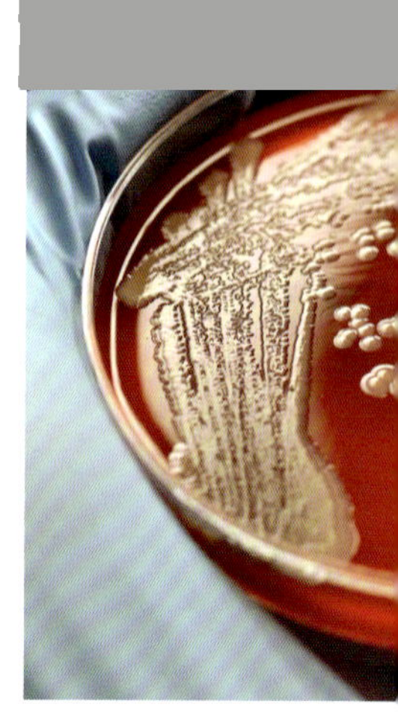
在实验室的琼脂培养基上培养MRSA菌落。

专家们预测说，如果趋势继续下去，现有抗生素在短短20年内几乎毫无用处。

我们不能开发新的抗生素吗?

几十年来，耐药性相对罕见，制药行业一直在不断地制造新型抗生素。但到了20世纪90年代，制药公司开始面临杀死细菌且不伤及人

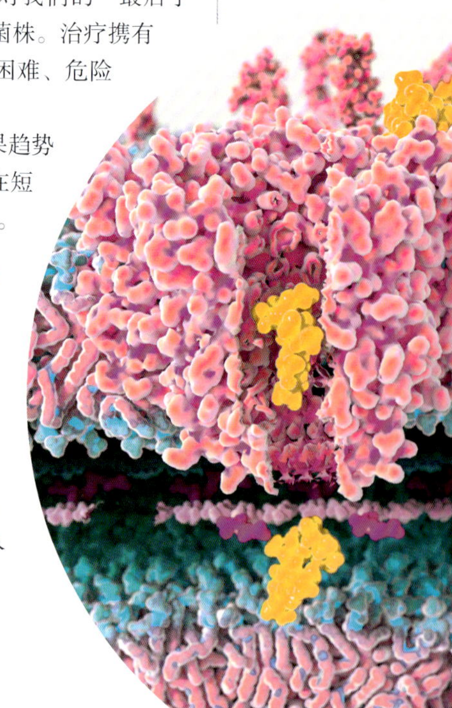

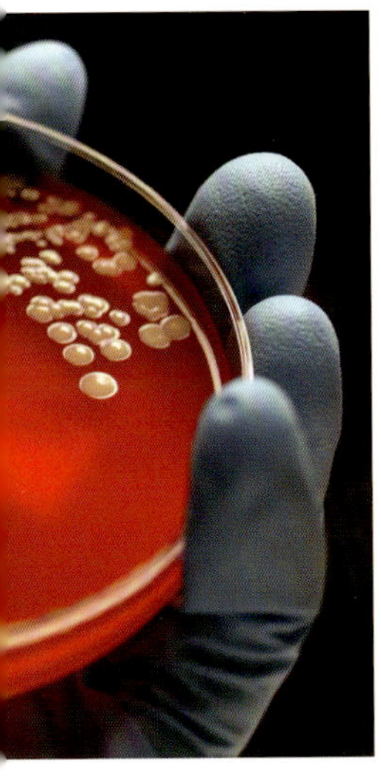

体细胞的新方法耗尽了的困境。寻找新药的众多努力导致产生了许多与现有抗生素类似的化合物，因此细菌对它们的耐药性也在迅速发展。当今世界上使用的大多数抗生素实际上与30年前开发的抗生素相同。

现在最大的问题是资金。发现一种新药并将其推向市场可能要花费5亿至20亿美元，但是这些新抗生素要么将被保留作为最后的手段使用，要么会在细菌对它们产生耐药性时变得毫无用处。这意味着，制药公司几乎没有动力将精力集中在这一领域。

但也有一些好消息：美国斯克利普斯研究所的科学家最近宣布，他们已经改良了一种常见的抗生素——万古霉素，从而使其现在以3种不同的方式攻击细菌。研究人员说，这种药物可以广泛使用而不必担心产生耐药性，因为细菌不太可能同时逃避3种作用方式。

专家们预测，如果当前趋势继续下去，现有抗生素可能在短短20年内几乎失效。

与此同时，像美国佐治亚州亚特兰大埃默里大学的民族植物学家卡桑德拉·奎夫博士这样的人，则在地中海地区寻找被遗忘的草药，以帮助解决抗生素耐药性问题。

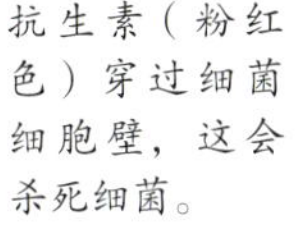

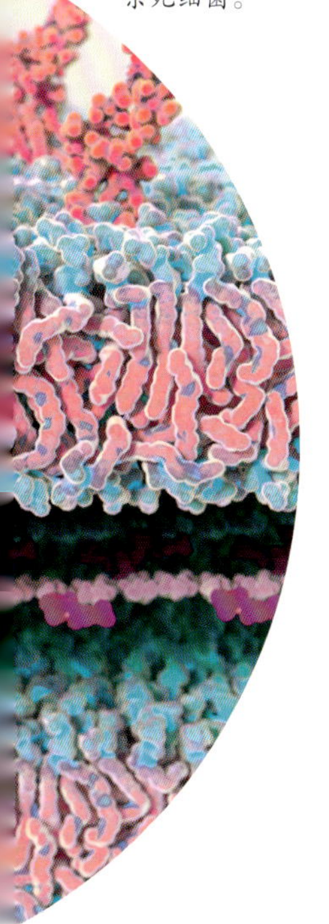

抗生素（粉红色）穿过细菌细胞壁，这会杀死细菌。

有抗生素替代品吗？

科学家们正开始将抗生素与能破坏耐药细菌所产生的任何适应力的化合物结合起来。例如，如果某种细菌已经开始产生一种阻止抗生素进入其细胞膜的蛋白质，研究人员就可以开发一种“诱饵”化合物来阻止该蛋白质。病人同时服用抗生素和诱饵，抗生素突然又起作用了。另一种替代方法是自20世纪40年代以来一直在俄罗斯和其他东欧国家使用的治疗方法，但很长一段时间内西方国家没有对此加以重视。它被称为噬菌体疗法，利用病毒劫持细菌并从内部消灭细菌。虽然听起来很危险，但该疗法使用的病毒天生地攻击细菌，并且只攻击细菌。

其他潜在的研究途径包括帮助免疫系统识别和攻击细菌的药物、使用生物工程纳米颗粒或病毒轰击细菌，以及使用益生菌、“友好”细菌来战胜那些讨厌的细菌。

所有这些潜在解决方案都存在问题，因为细菌最终也可能对这些治疗产生耐药性。

我们还能做什么？

由于人们可以轻松地周游世界，遏制抗生素耐药性的蔓延需要协调一致的全球行动。为了确保现有抗生素的效力，必须限制它们的使用：仅在适当的时间内，以适当的剂量开具治疗细菌感染处方。

大量研究都是针对那些能让全科医生快速诊断疾病是否需要抗生素的测试。另一项研究正在寻找干扰细菌交换DNA的方法，试图消除耐药基因在细菌之间的传播。

在个人层面上，良好的卫生和定期洗手有助于减少传播。鼓励人们在病因不详的情况下，不向医生施压要求给他们使用抗生素。

总之，全社会都必须开始更加珍惜这些珍贵的药物。我们用得越多，它们效果就越差。

汤姆·艾尔兰是英国皇家生物学会的特约记者兼总编。

基因淘金热

基因检测比以往任何时候都便宜。公司们正排队销售葡萄酒、鞋子、健身计划等，这些都是根据你的**DNA**量身定制的。但他们的主张到底有多可行呢？

撰文：凯特·阿尼

在不到20年的时间里，人类基因组学（研究个体和群体的基因构成）已经发生了变化，而且变得面目全非。第一个完整的人类基因组测序耗时10年，交付成本耗费了近30亿美元（按1991年价格计算）。今天，你可以将装有你唾液的一支试管扔进邮筒，并期待在几周内收到一封电子邮件，详细说明你的DNA中与特征、健康和遗传相关的数千种变异，且费用不高。

不出所料，富有进取心的公司很快就加入了基因组的潮流，提供从健身计划到根据你的基因选择个性化葡萄酒等各种服务。但真的有可能从你的唾液中获得如此详细的信息吗？

直接面对消费者（Direct-To-Consumer，DTC）的基因检测故事真正开始于21世纪初。目前，人们对DNA序列的微小差异——单核苷酸多态性（简称SNP），是如何映射到疾病风险或身体特征（如身高、体重或口味偏好）上的了解还知之甚少。

尽管如此，基于对少数SNP的测试，许多公司还是纷纷提供昂贵的营养建议和补品。由于缺乏将SNP与特征联系起来的可靠科学证据，这些被斥为未经医学证实和模棱两可的。

到了21世纪第二个十年的中期，基因测试员开始变得聪明起来。他们现在声称，他们提供的SNP测试纯粹是为了提供资料参考和教育用途，而非提供任何可能导致他们与诸如美国食品药品监督管理局（FDA）等监管机构发生冲突的医疗建议或诊断。到2009年，已将500多个SNP与癌症等疾病的风险可靠地关联起来，而且这一数字正在逐年增长。任何人只要有强烈的生物好奇心和1000美元的余钱，现在都可以注册“了解他们的基因组”。然而，尽管它们越来越受欢迎，但是当专家分析这些测试的结果时，却发现它们是有误导性的，甚至有些测试结果是完全错误的，原因就在于它们是由欺骗性营销而不是可靠的科学所驱动的。

几乎没有确凿的证据表明，针对基因改良的饮食比普通饮食更有效。

由于监管部门的严厉打击和有限的消费者基础，许多最初基于SNP的个性化遗传学公司倒闭了或被卖给了更大的公司。但也有少数幸存者，这些公司继续将SNP与广泛的疾病风险、身体特征和血统联系起来。随着技术进步的加快和成本骤降，基因市场再次开放。

家庭关系

其中很繁荣的领域之一是遗传血统服务，公司提供问祖寻根服务，寻找你从未见过的遗传亲戚，并在全球各地为你寻根。他们当中的一些人甚至讲述了古代部落、凶猛的野蛮人或潜伏在祖传家谱中的老练艺术家的故事。

当然有可能将基因遗传与世界上某些地区联系起来，特别是对群体而不是个人（尽管这是一门相对不精确的科学），并找出你基因中有多少百分比来自尼安德特人，但许多从事人类遗传学和进化领域的科学家不太相信这些。例如，来自伦敦大学学院分子和文化进化实验室的研究人员对那些更可疑的说法进行了调查和揭穿，它们只不过是“遗传占星术”而已。他们认为，人类交配和迁徙的复杂模式使得我们以任何程度的精确性来梳理我们每个人混乱的基因线索都是很困难的。

DTC测试中的另一个热门话题是打着“生活方式”的旗号开展业务。现在，有些公司为你提供了一个“侵入你的身体”和“提升你的人类潜能”的机会，为你的某些SNP个人组合量身定制各种饮食和健身建议。有些公司推荐将“基因选择”的维生素和膳食补充剂结合起来，而另一些公司甚至提供直接送到你家门口的个性化膳食。但尽管这些测试都声称得到了科学的支持——在大型研究中它们所测试的SNP确实与体重、新陈代谢或其他身体特征有关，但事实上没有太多确凿证据表明，遵循基因量身定制的饮食和健身计划比遵循普通计划更有效。

事实上，由伦敦大学学院的科学家开

上图：人类基因组的印刷版填满了整本书。
右上图：一个含有DNA的芯片被放入一台机器进行分析。

展的一项大型随机对照试验于2015年发布，该试验表明，为人们提供减肥计划，同时提供个人版本的名叫FTO基因（与体重有关）的信息，可使他们更可能会考虑减肥，但并不比单独的减肥计划更有效。

另一项研究显示，至少在短期内，那些获悉了罹患2型糖尿病风险基因信息的人的行为没有改变，而且担心和焦虑也没有增加。

“我的感觉（DTC测试使用了的）是一个聪明的营销策略，”英国破译发展障碍研究的项目经理和英国基因组学的科学带头人卡罗琳·赖特博士说，“有些事情背后的科学是薄弱的。有一些研究论文将DNA的变异与某些属性联系起来，但这并不一定意味着如果你在特定人身上测试这种变异，就可以预测他们喜欢什么或能做什么。

挖掘基因组

个性化遗传公司使用两种主要的技术来快速而廉价地分析你的DNA。下面介绍他们是如何比较的。

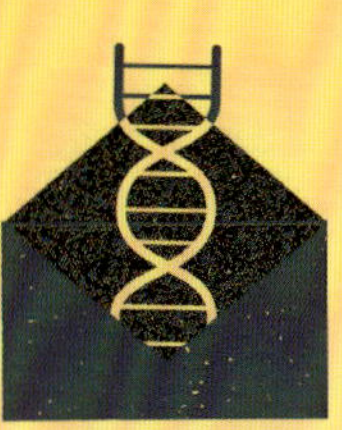

采集

分析你的DNA所需要的只是唾液样本，可以邮寄给众多基因检测公司中的一个。

提取

该公司从唾液中的细胞中提取并纯化你的DNA。

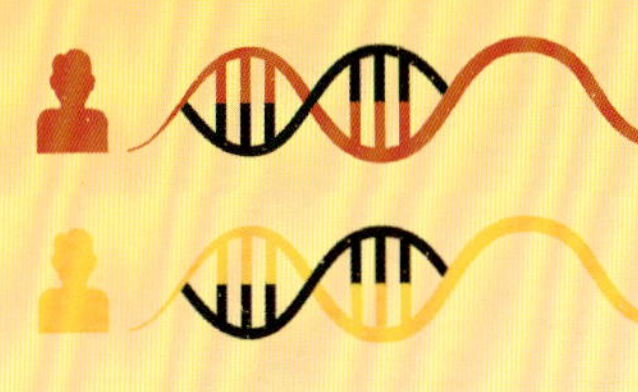

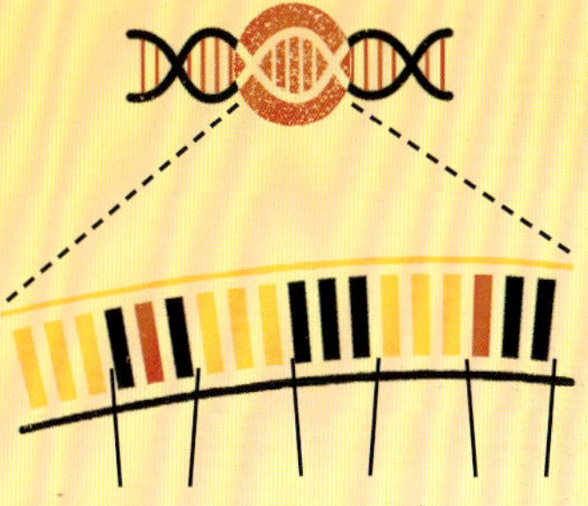

外显子是基因的编码部分。

单核苷酸多态性

寻找人与人之间DNA变异的最快方法是找到单核苷酸多态性。每一个SNP对应于单个DNA构件或核苷酸（字母A、C、G和T）中的差异，其中一些SNP与特定的健康和身体特征有关。

外显子组测序

外显子组测序无须考虑单个的DNA字母，而涉及读取编码我们的20000个基因的所有DNA。外显子组仅占人类基因组的1.5%，但人与人之间的变异比SNP要多得多。这种技术比SNP分析更全面，但也更昂贵。

信息

最后，公司将利用你的DNA变异，为你提供有关祖先、计划生育、疾病风险、健康状况，甚至饮食偏好等的个性化信息。

下载

基因应用程序

直接面向消费者的基因检测公司覆盖生活的许多领域。然而，支持它们产品的科学证据可能很薄弱，所以买家要当心！

饮食

一些公司提供基于多种遗传标记的个性化饮食建议，这一领域被称为“营养遗传学”。其想法是将食物与肥胖、脂肪代谢和饥饿相关的基因变异相匹配，将能更好地控制体重。而且作为一种享受，你可以购买与你的基因相匹配的定制啤酒或优质葡萄酒。

运动与健身

除了让饮食和你的基因相匹配外，你还可以调整锻炼方式。从周末勇士（译者注：顾名思义就是平时不运动到了周末疯狂运动，像个勇士）到认真的运动爱好者，公司开展涉及有氧耐力、力量、血压，甚至肌腱力量等相关基因的分析，以提供理想的训练计划及休息和恢复计划建议。

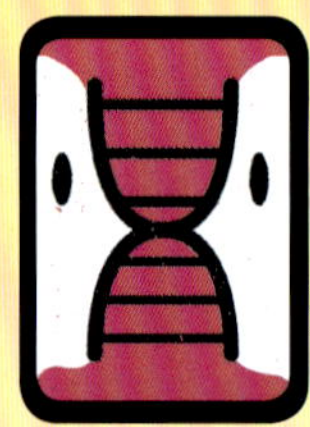

爱情与家庭

你现在可以通过比较一组与免疫系统有关的基因，即主要组织相容性复合体（MHC），来寻找“DNA 兼容”的伴侣。父母可以接受测试，看看他们是否有可能生育患有遗传病的孩子。一旦婴儿出生，甚至可以订购基因组测试，看看其遗传了哪些性格特征或健康风险。

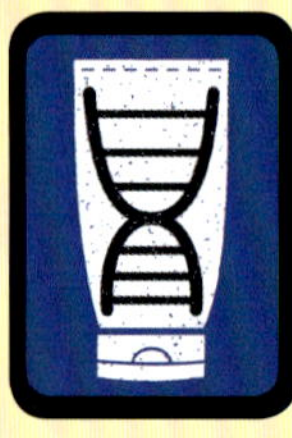

皮肤护理

护肤公司现在正在提供基于 DNA 的解决方案，声称可以把一张邋遢的脸变成一张容光焕发的脸。科学家通过研究抗氧化保护基因——防止紫外线和化学物质的伤害，以及维持皮肤丰满的胶原纤维的分解，创造出一种个性化的抗衰老精华素。

宠物

你的宠物也没有理由不能接受基因测试！你现在可以证明你的幼犬是纯种的，或者解开一只神秘杂种狗的家世，以及寻找与健康相关的 DNA 变异。就像人类的 DTC 测试一样，你甚至可以获得为你的宠物量身定制的饮食、健康和兽医护理“健康建议”。

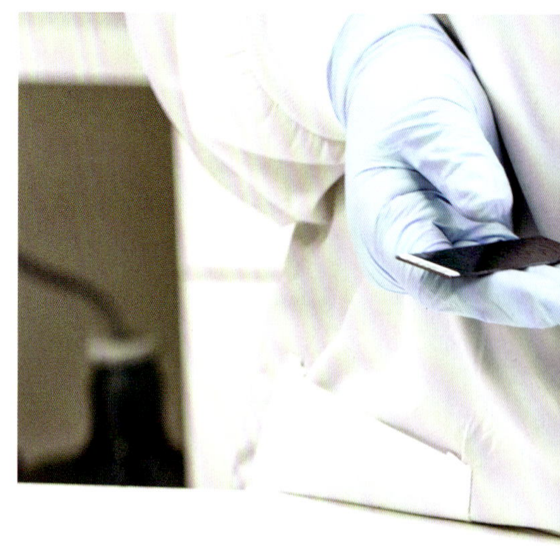

利用 DNA 测序成本不断下降的优势，DTC 公司现在正从 SNP 转向深入研究人类基因组。下一步是外显子组测序——读取基因组中所有 20000 个基因的全部基因密码，且中间没有“垃圾”DNA。

由 DNA 技术巨头 Illumina 支持的进入外显子组市场的第一家公司是 Helix。基于“一次序列，经常查询”的原则，Helix 计划存储客户的外显子组数据，并允许他们通过应用程序访问数据，第三方合作伙伴将提供从健康分析到生活方式建议等与基因匹配的产品。

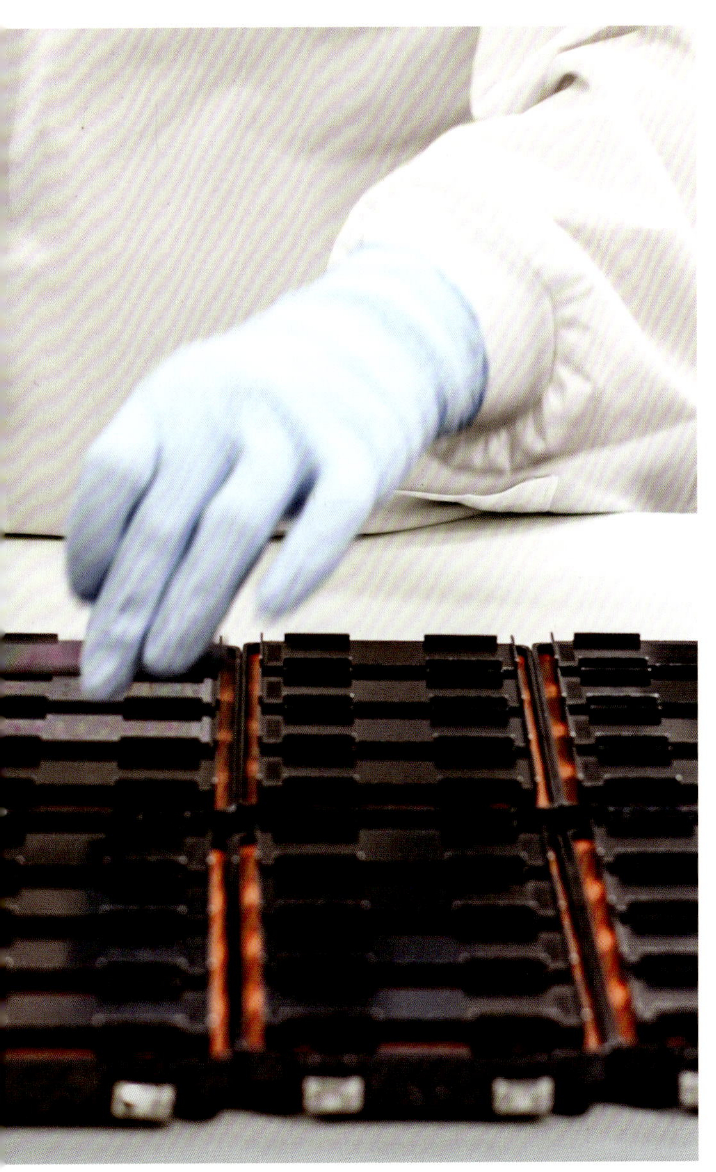

23andMe 公司把 DNA 放在一个独特的基因芯片上，以获取有关祖先和健康的信息。

同样的问题一直困扰着基因检测，尤其是隐私权和知情权。

Helix 提供的第一个产品是 Geno2.0，这是一个与美国国家地理联合制作的血统分析软件包。更多的合作伙伴正在签约中，包括美国的杜克大学和梅奥诊所等一系列学术机构。不太严肃的一面是 Vinome 公司，它向顾客定期交付具有“一点科学和很多乐趣”的基因匹配的优质葡萄酒。

Helix 的外显子组和应用程序方法是否提供了比基于 SNP 的血统或饮食和健康测试更多的其他功能还有待观察。如果 Helix 提供涉及疾病的基因分析，将面临更棘手的问题。这不仅绕开了监管机构——监管机构要求只有通过医生才能进行医学检测，而且还提出了重要的科学问题。

赖特解释说：“毫无疑问，只有很少但很重要的一部分人可以从外显子组测序中受益匪浅，因为他们发现自己有导致疾病的特定基因变异。但我们知道每个人的基因组都有不可思议的变异。”

她指出，虽然我们掌握了与疾病风险相关的常见 SNP 的可靠信息，但将其开放给整个外显子组却是向未知领域的巨大跨越。大多数人至少有一些罕见或独特的基因变异，这些变异看起来是有害的，但他们完全健康。最大的挑战是弄清楚某人基因组中所有的调整和变化是如何共同影响他们的健康的。

赖特说：“我们没有大量的数据，过度诊断和告诉某人他们（对某种疾病）有遗传倾向的可能性是非常有吸引力的。你可以讲一个关于几乎每个人的外显子组的故事，每个人都有潜在的有趣的变体。其中一些确实会引起疾病，但很多变体不会。”

测序的成本正在迅速下降——应用 Illumina 的 NovaSeq 机器能将基因组测序费用降至 100 美元，让人们触手可及。然而，尽管高科技应用引发了消费者对基因组革命的兴奋和议论，但始终困扰着基因测试的问题依然存在，尤其是关于隐私和谁可以访问数据的问题。对大多数人来说，在基因应用程序里消磨一些空闲时间可能是一种无伤大雅的好奇心，而在鼓励公众参与基因研究的重要时刻，提出一个警告看上去显得不合时宜。但从你的基因组中提取数据可能会引发更多的问题，而不是答案。

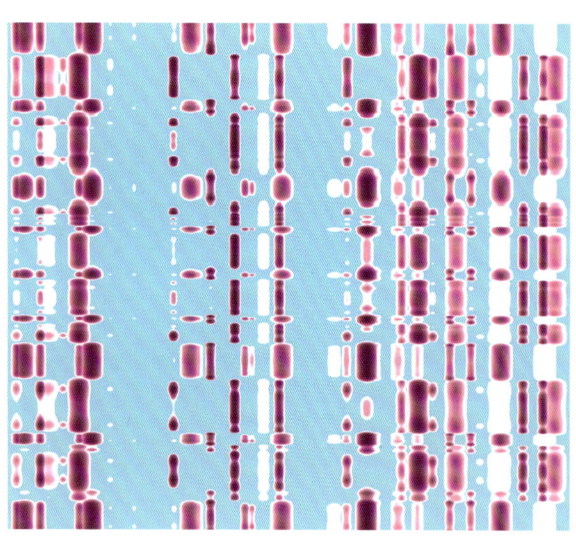

上图：显示DNA样本中核苷酸碱基顺序的放射自显影照片。

下图：迈克尔·莫斯利以他特有的方式，再次志愿参加医学测试。

赖特说："关于血统、健康状况以及你喜欢什么样的葡萄酒的信息，也可能与你是否对乳腺癌有高易感性或意味着你将更早患上阿尔茨海默病的基因变异有关。这些是完全不同类型的信息，但是你可以从你的基因组中全部获得，其中一些很有趣，但有些真的不好玩。"

我们正在目睹基因组淘金热的开始：几年后，对你的DNA进行测序并对其进行搜索，可能会像浏览电视节目一样简单有趣。但重要的是要记住，因为这些公司想赚钱，它们会用基因洞察力的承诺来吸引好奇的消费者。对基因组测序是功能强大的个人信息，可能会改变生活，值得人们谨慎处理。

凯特·阿尼是一位科普作家，也是一名播音员。

正在试用的大街基因检测

迈克尔·莫斯利博士尝试了一个DNA自助试剂盒，并凝视他的过去和未来。

几年前，我不得不向我为英国广播公司制作的纪录片《地平线》系列节目自掏腰包，将它用于由23andMe公司提供的基因测试。这家加利福尼亚的公司是以正常人细胞中的23对染色体命名的，它们无疑使基因检测变得非常简单。我登录了网站并支付了约150英镑，你也可以在大街上的药剂师那里购买试剂盒。过了一段时间，他们给我寄了一个带有说明书的包裹。我按说明书要求操作，然后把它寄了回去。几周后，结果发送到了我的计算机上。该网站令人印象相当深刻，他们为你提供了你基因组的大量数据，以及作为其主张基础的研究参考资料。我先看了自己的祖先，发现自己98%是欧洲人，略带一点儿中东和北非血统——1%，还有1%的亚洲血统，这符合我对家谱的了解。我快速浏览了一下遗传状况，并欣慰地发现我未携带他们列出的任何基因突变（包括囊性纤维化）。

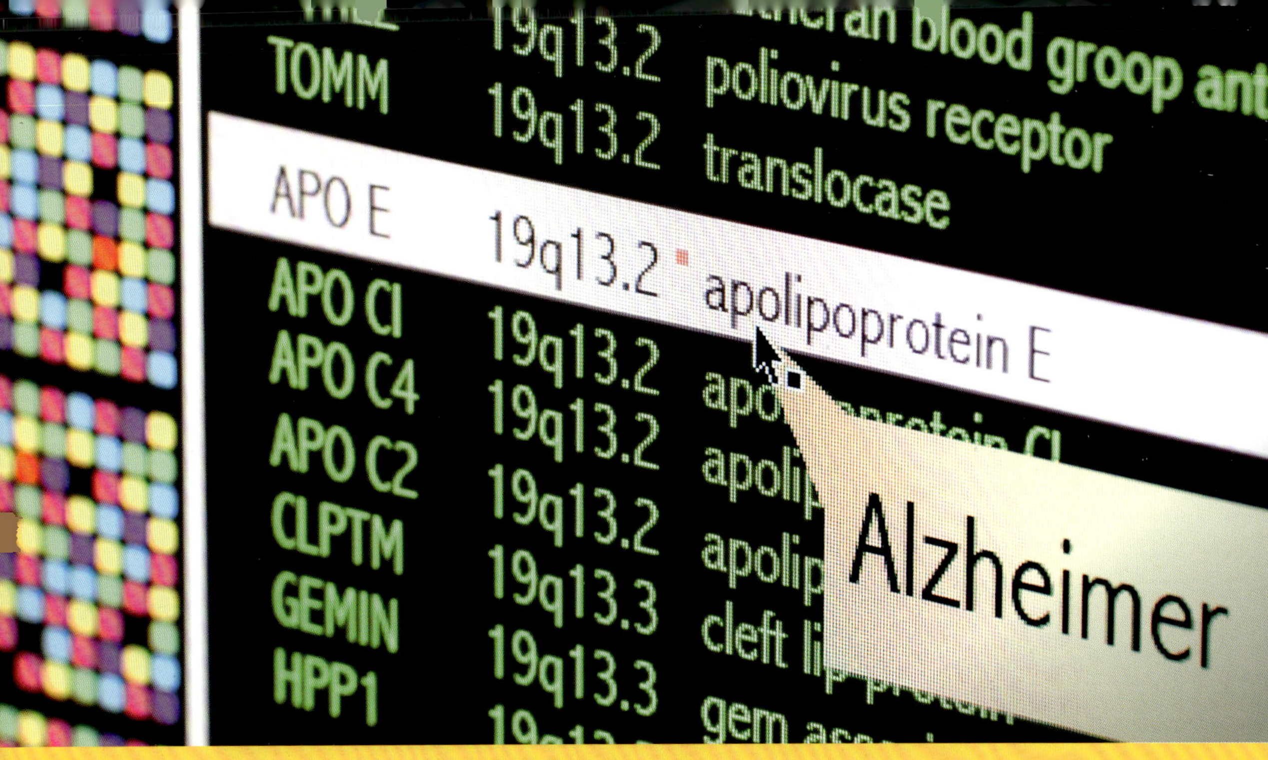

DNA 序列揭示了载脂蛋白 E 的存在，它是阿尔茨海默病的遗传标记。

然后我打开了关于特质的部分。他们很有信心我的头发会比一般人更直，这是对的，但说金发的可能性只有 28%，我不是金发。他们告诉我说我对乳糖有耐受力，这是对的，但说我的肌肉表现暗示我会成为短跑运动员，事实却并非如此。

我接着研究遗传风险因素，这无疑是测试中最具争议的部分。我对自己患阿尔茨海默病的风险特别感兴趣，因为我怀疑我父亲在他生命的晚期变得有点痴呆。有一个特别的基因，载脂蛋白 E，它与迟发性阿尔茨海默病（65 岁以后）密切相关。没有人知道它是如何工作的，但是载脂蛋白会影响大脑中一种叫作 β–淀粉样蛋白的蛋白质的积累，这种蛋白质在阿尔茨海默病患者体内含量较高。

23andMe 公司的测试涵盖了 3 种载脂蛋白 E 变异：e2、e3 和 e4。你想要避免的是基因的 e4 变异。

根据该网站的信息，如果你是欧洲血统，那么一个 e4 变异的基因意味着你到 85 岁时罹患阿尔茨海默病的概率为 18% ~ 35%。如果你有两个 e4 变异的基因，这个数字范围会上升为 51% ~ 68%。幸运的是，我有两个其他载脂蛋白 E 变异的基因，这与患阿尔茨海默病的高风险无关。

我去拜访了遗传学家、欧洲生物信息学研究所所长尤安·伯尼博士，以了解他对这类测试的看法。

“我不是粉丝，”他说，“它有一个有趣的方面，你可以用它来追溯自己的祖先，但我不建议将它用作监测我或你的健康的一种方式。这会令你对这一风险产生非必要的担心，你会陷入某个特定诊断的困扰中，而它可能是对的，也可能不是对的。因此，当遇到这类情况，找有经验的临床医生给你提供良好的建议，才是最好的处理方法。”

伯尼说，对于受单个基因突变影响的疾病，这些测试是相当可靠的，但对于许多常见的疾病却并非如此。他说：“对于大多数常见疾病，如心脏病和 2 型糖尿病，你的医生只需做一些简单的检查，了解你的家族病史，就会知道更多。不管你的基因是什么，你从医生那里得到的建议都是一样的，那就是不要吃太多、不要吸烟、多锻炼。”

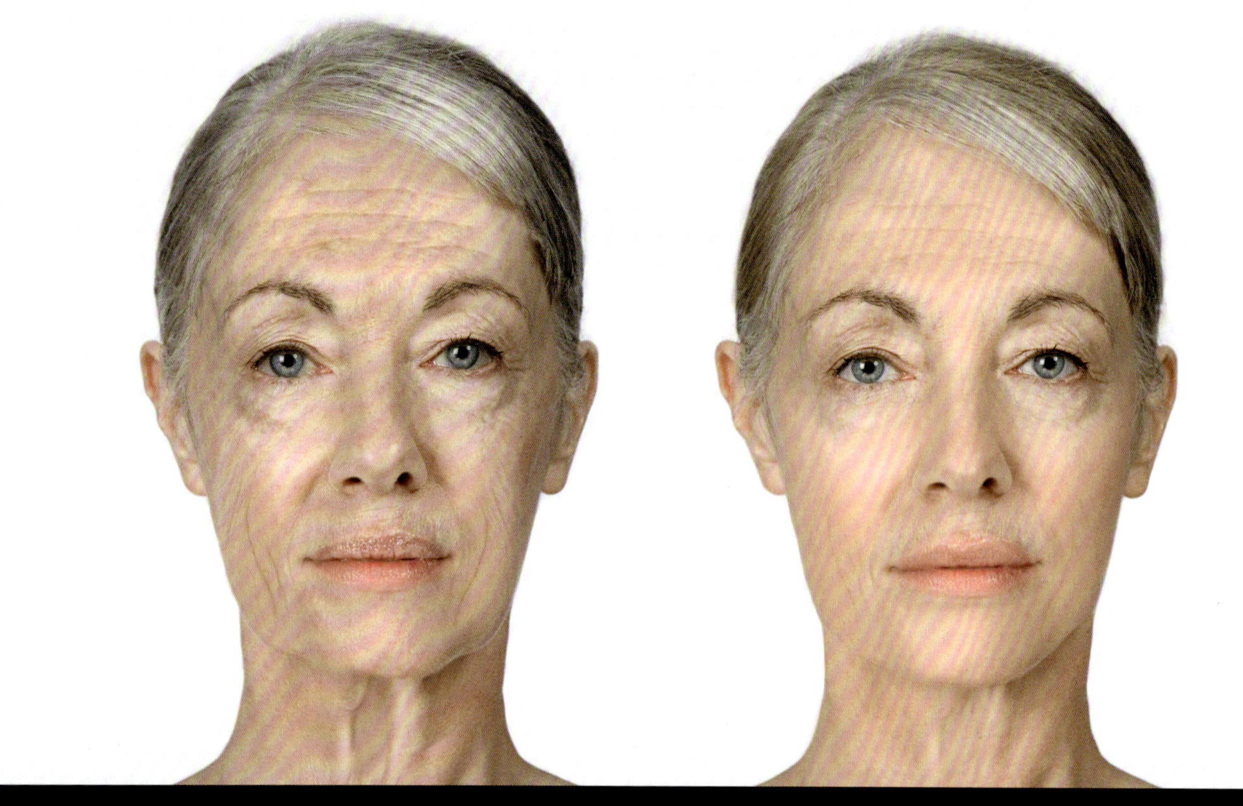

时光倒流

一种利用干细胞开展的新的基因治疗表明，我们或许能逆转衰老过程。

撰文：贾森 · 古德耶

人们早就知道，操纵生物体中的某些基因可以减缓衰老并延长寿命，但迄今为止，为安全地阻止或逆转人类与年龄相关的疾病而创造的基因技术却被证明是很难解释的。

但是，加利福尼亚萨克生物研究所的研究人员开发了一种新技术，这可能是迈向医学界传说中的“长生不老药”的第一步。

该方法发表在《细胞》杂志上，涉及“打开”与干细胞相关的 4 个基因。它似乎有逆转人类皮肤细胞和活体小鼠衰老的一些迹象。这 4 个基因被称为“山中因子”，研究人员经常使用它们来将任何类型的细胞转化为名叫诱导多能干细胞（iPSCs）的未特化的细胞。这些细胞能够无限分裂，并成为人体内存在的任何细胞类型。

既往研究发现，当细胞被处理成表达山中因子并转化为 iPSCs 时，它们看起来更年轻，因为当它们回复到更基础的细胞类型时，就没有了衰老的细胞标记。然而，在活体动物中诱导细胞一起转化为 iPSCs，则意味着许多细胞停止按器官所需的方式发挥功能，从而导致器官衰竭甚至最终活体死亡。

然而，索尔克生物研究所的研究人员决定尝试让细胞周期性地、突发式地表达山中因子。希望这些细胞在不转化成干细胞的情况下，能起到山中因子的些许抗衰老效应。

研究人员首先用小鼠和人的皮肤细胞验证了这个想法。当他们应用周期性地启动山中因子表达的方法时，这些细胞显示有多种衰老标记的逆转，但并没有丧失皮肤细胞的特征。

接下来，研究人员在受早衰症影响的小鼠身上应用了该项技术（早衰症是一种导致衰老加速的疾病）。在诱导动物短暂表达这些基因后，它们的心血管功能及其他器官的功能都得到了改善，并且这些动物的寿命延长了 30%。

更重要的是，这些小鼠不太可能患上癌症，而患上癌症是许多以干细胞为基础的技术的一个基本缺点。

最后，科学家们将他们的研究转向了老年老鼠。在这些动物中，该技术导致胰腺和肌肉自我修复能力得以改善，而这是随年龄增长而衰退的一个关键过程。

“很明显，老鼠不是人类，我们知道让人恢复年轻将更加复杂，”该研究的共同作者之一伊斯皮苏瓦·贝尔蒙特说，“但这项研究表明，衰老是一个动态的和可塑的过程，因此衰老比我们以前认为的更易于接受治疗性干预。”

贾森·古德耶是 BBC《焦点》杂志的责任编辑

个性化定制药品

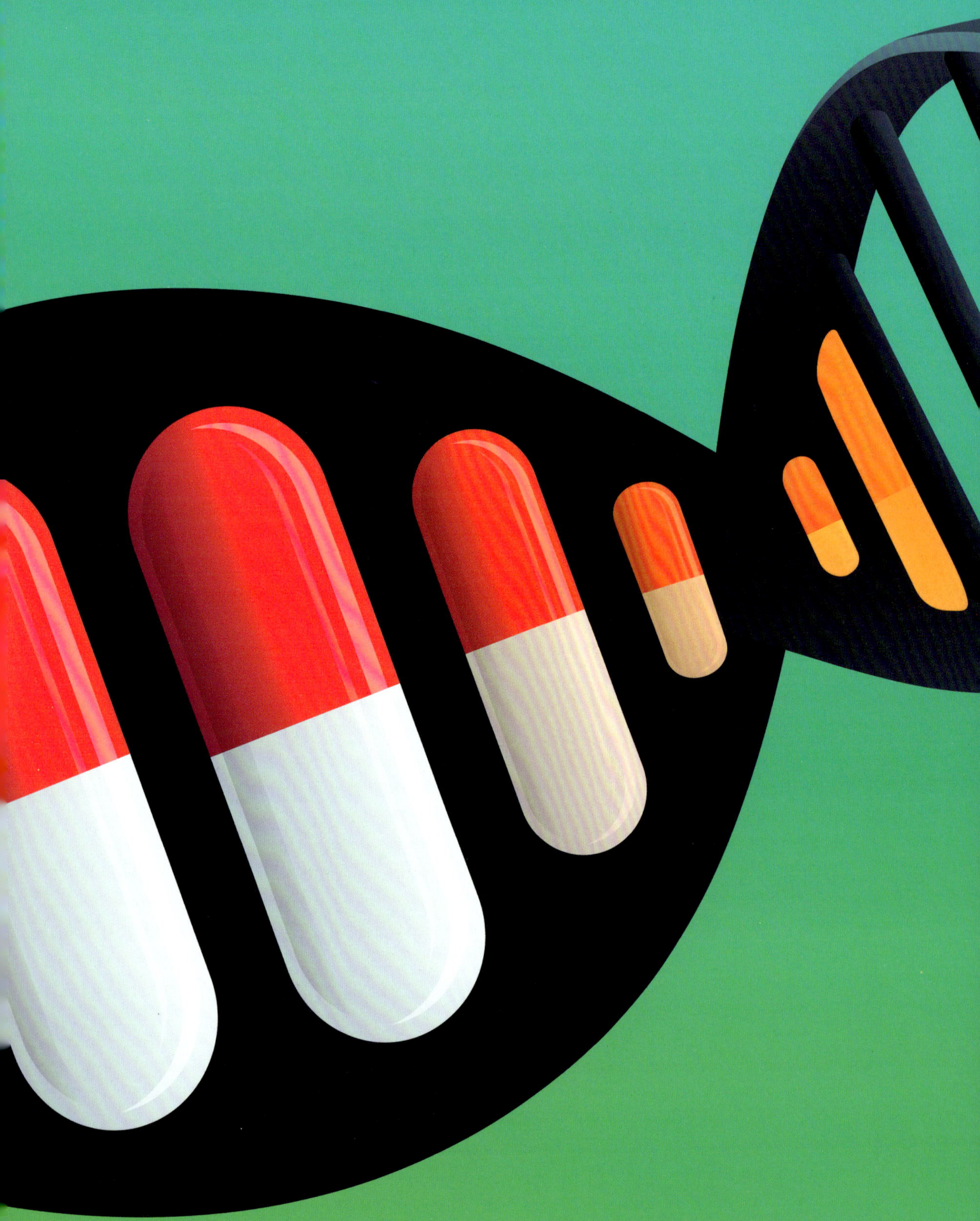

这是一个惊人的统计数字：据估计，高达 **75%** 的抗癌药物对使用它们的病人无效。这是因为药物是为“普通人”开发的，而事实上我们所有人以及我们患的疾病都是独一无二的。

撰文：汤姆 · 艾尔兰

现代医学，尽管有其神奇之处，却有一个相当大的盲点。尽管似乎每天都在宣布科学突破和新的奇迹疗法，但医生们知道，即使是他们药房中最有效的药品也会对小部分人无效。

例如，通常开出的用于治疗抑郁症、哮喘和糖尿病等疾病的药物，对 30% ~ 40% 的患者无效。像关节炎、阿尔茨海默病和癌症等难以治愈的疾病，无法从某项治疗中受益的人口比例更是上升到 50%，甚至 75%。

问题源于研发治疗方法上。传统上，如果药物在药物试验中对大量具有相似症状的人有效，该药物就会被批准使用，并且不会对研究中对治疗无反应的患者提出疑问。当接下来药物上市并向大众开出处方时，不出意料的是，有很多人（如试验中的人一样）就会发现新的“奇迹疗法”对他们来说并不那么神奇。

这种“千篇一律”的药物研发体系——尽管它帮助发现了 20 世纪最重要的药物，现在已经越来越被视为无效、过时和危险的。这意味着药物是为“普通人”开发的，而事实上，我们所有人，甚至我们的疾病和我们对药物的反应，都是独一无二的。许多药物不仅对大部分人群无效，而且也会在其他人群中引起严重的不良反应。

值得庆幸的是，一种全新的医学方法正在发展、普及。随着我们更多了解人们在基因上的差异，医学专家正在针对个人而非群体量身定制医疗保健建议和医疗方法。

一个简单的 DIY 基因测试即可标记出使人们对某些药物过敏的关键基因。

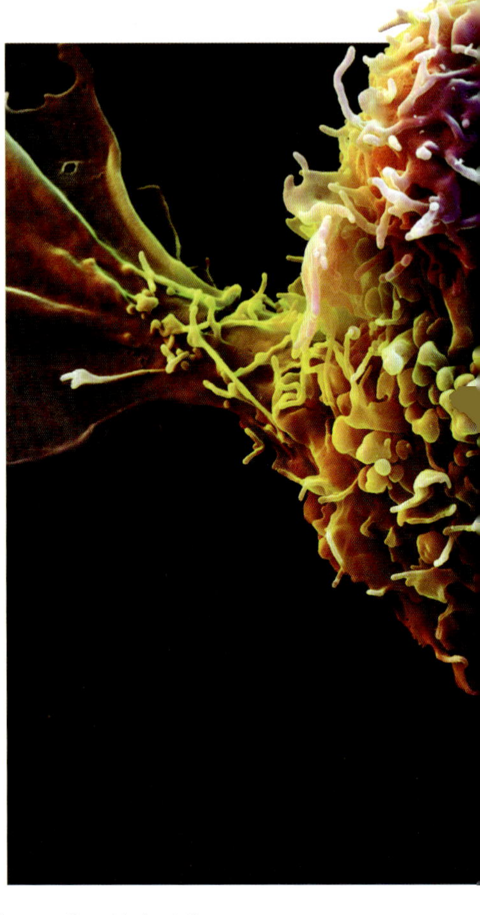

上图：癌细胞（黄色和绿色）受到从病人免疫系统提取并修饰的 CAR T 细胞的攻击。
右图：23andMe 是英国消费者可以从大街上的药店购买的首个基因检测试剂盒，以了解更多有关自己的特质和血统。

个性化医疗（有时被称为“精准医学”）利用患者的基因数据，以及其他有关其在分子水平上健康状况的数据，为该个体和具有类似基因特征的他人制定最佳治疗方案。

我们倾向于认为基因决定着我们的身高、眼睛的颜色，或者我们是否患有遗传疾病。但在我们的一生中，与生俱来的基因组合以多种微妙的方式影响着我们的发育和健康。随着年龄的增长，我们罹患某些疾病的可能性、代谢食物的方式，以及我们对某些药物的反应都会受到我们的基因影响。

鉴于现在我们对基因的了解，显然会采取个性化医疗这种方法。得益于 DNA 测序技术取得了极大进步，个性化医疗在过去 10 年才成为可能。

当 2003 年人类基因组首次被破译时，它花费了 10 多年的国际合作努力，耗资 30 亿美元。仅仅 15 年后，对一个人的基因组测序只需要数小时而非数年，而且只需耗资很少即可完成。这意味着基因信息比以前任何时候都更容易提供给开发新疗法的医生和研究人员。

抗癌战争

迄今为止，新的个性化医疗方法影响最大的领域是肿瘤学或癌症治疗。尤其是肺癌的治疗，被视为精准医学的一个非常成功的案例。

多年来，医生们一直困惑为什么只有 10% 左右的肺癌患者对一种叫作酪氨酸激酶抑制剂（TKI）的普通癌症药物有反应，它能抑制肿瘤的生长。在 2010 年之前的几年，当研究人员能够察看病人肿瘤的 DNA 时，他们发现这种药物实际上只对那些癌细胞中有一种叫作表皮生长因子受体（EGFR）的基因突变的人有效。突变导致细胞不受控制地生长，TKI 阻断了这种作用，从而缩小了肿瘤。但是在不同基因来源的肿瘤患者中，一个疗程的 TKI 治疗将导致肿瘤患者出现一系列不良反应且最终无法成功。

最终，不同肺癌的核心基因被揭示出来，并且诊断肺癌的整个过程也发生了改变：不再仅简单地根据癌细胞的生长部位和在显微镜下的形态来对其分类，取而代之的是检测基因突变，并据此选择治疗方案。即使肿瘤在治疗过程中发生变异并对基因特异性药物产生耐药性，医生也可以追踪基因变化并选择另一个靶点。

更为复杂的个性化癌症治疗也即将问世，如免疫治疗，它将患者自身的免疫细胞重新编程以攻击癌细胞。

这些免疫细胞被称为 CAR T 细胞，是从患者体内提取后在实验室进行了基因修

饰，这样它们就能识别出患者癌细胞上的确切分子标记，然后再注射回体内攻击肿瘤。在临床试验取得令人瞩目的结果后，美国食品药品监督管理局（FDA）于 2018 年 8 月份批准了这种治疗方式。

个性化医疗也为药物的安全性做出了重要贡献。对药物产生严重不良反应看似罕见，但不可思议的是，它是北美第四大死因，占所有住院病人的 7%。同样，该问题是由于我们倾向于用同样的方式对待大量不同的人而引起的。

一个简单的 DIY 基因测试就能大致了解未来可能出现的健康问题，而由专业人士进行的更深入的测试可以标记出使某些人对某类药物过敏的关键基因，或者某些人代谢药物太快以至于需要更大剂量。这种被称为药物基因组学的方法在医院和全科医生手术中还远未普及，但新的软件正在开发中，它将帮助医生根据患者的特定基因图谱开具处方和决定剂量。我们甚至有一天可能看到药剂师在交付你的药品前在店内查看你的基因。

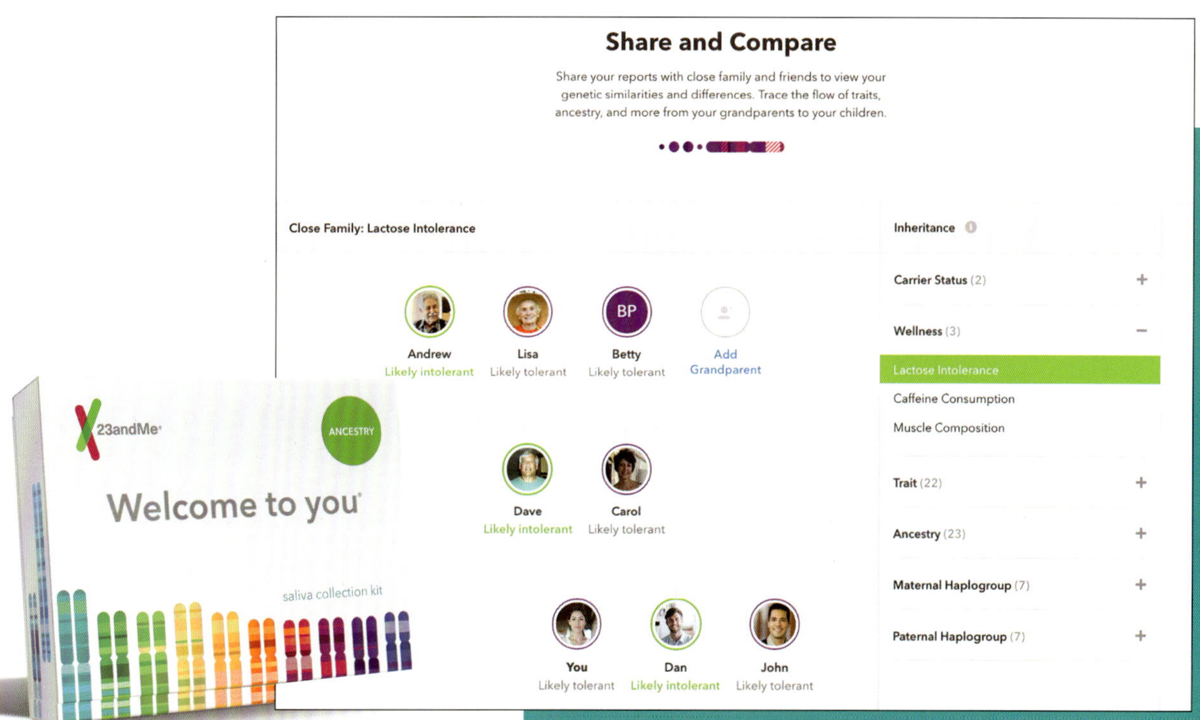

基因组测序

“全基因组测序”涉及读取人或生物体的整个DNA序列，以产生一长串的A、G、T和C字符——人类基因组大约有32亿个字符串。我们的遗传密码也有很多部分没有明确的功能，所以测序通常仅用于揭示基因组中包含基因的部分（“外显子组”），或者仅揭示发生突变或感兴趣的关键部分。

DNA首先必须从人体细胞样本中分离并纯化。化学物质可用来扩增微量的DNA，供科学家使用。

为了揭示构成人类基因组长序列的化学单位，将纯化和扩增的DNA切割成数千个片段，然后根据大小将其分离。这些片段形成了老式DNA序列中可见的标志性“条带”。

多年来，这些条带的分析都是用肉眼费力完成的，一次只能揭示一个DNA序列。现在，功能强大的被称为高通量测序仪的机器，可以在很短的时间内完成同样的操作。

数据驱动

个性化医疗不仅仅涉及遗传学。未来的医学将由生成和解释有关个人的多种分子水平的数据来驱动，这些数据会以前所未有的精确度被捕获。

加拿大不列颠哥伦比亚大学的生物化学家、多本精准医学书的作者彼得·卡利斯教授说：“我们现在拥有的技术可以详细地告诉我们你的基因组、蛋白质组学特征（蛋白质水平）、代谢特征和你的个体微生物群，而且成本越来越低廉。基因分析可以提供有用信息，但是你的基因不会随时间改变，因此它们无法告诉你，你是否患有特定疾病或者治疗是否有效。你血液中的蛋白质或代谢物可以实时显示你的身体趋势，或

人类基因组被打印和装订。打印构成基因组的32亿个DNA占用了100多本书，每本书都有1000页。

“我们将从以疾病为基础的医疗保健转向预防措施，在疾病发生之前或在疾病尚处于早期阶段时就加以预防。”

者你服用的药物是否起到了应有的作用。”

从一份简单的血液样本中，科学家们可以在任何生理症状显现之前就发现一系列常见疾病的第一个化学线索（被称为“生物标记物”）。例如，在胰腺癌中，许多病人只有在症状开始显现且病情严重恶化时才被诊断出来。但事实上，这种癌症可能已经无症状地生长了 15 年，但存在分子测试可检测到的标志性生物标记物。

卡利斯认为，强大的计算能力、庞大的基因和生物医学数据的数据库与大量在医疗保健机构工作的娴熟的遗传学家两者相结合，有能力真正推动医学革命。“我们将从以疾病为基础的医疗保健转变为预防措施，”他说，“在疾病发生之前或在疾病尚处于早期阶段时就加以预防。”

美国俄亥俄州全国儿童医院的基因组学教授和个性化医学专家伊莱恩·马迪斯博士称这种方法为“精准预防”。

“这是为了对某些疾病的高易感性人群进行更为定期的监测和筛查。在最极端的情况下，已发现人们患病，这些疾病会提高他们的 DNA 突变率或导致 DNA 修复机制缺陷，使他们的一生可能患多种癌症。然后，他们会接受一种可延迟首例癌症发病的治疗。”马迪斯说。

类似的疗法被称为“癌症疫苗”——帮助人们对自身特定癌症产生“免疫力”的量身定制疗法，目前正面向一系列不同的疾病积极开发中，包括肾脏癌、口腔癌和卵巢癌。“对我来说，这是最精准的肿瘤学。”马迪斯说。

超越癌症

个性化医疗也开始在众多其他疾病领域产生影响。2016 年，维康桑格研究所的研究人员发现，白血病最常见、最危险的形式实际上是 11 种不同的疾病，每种疾病对治疗的反应都非常不同。

在 HIV 和丙型肝炎患者中，从患者及其感染的病毒中提取的基因组数据可以帮助医生决定针对该病毒特定病株的药物组合，并且不太可能在患者中产生副作用。这很重要，因为某些副作用会导致一些病人停止服药。在加拿大，这种双管齐下的做法将 HIV 患者的死亡率降低了 90%。

而在阿尔茨海默病（一种众所周知难以治疗的疾病）中，基因分析揭示了某些治疗更有反应的该病亚型。另外，医生可以更早地开始治疗，这要归功于在症状明显之前就可以确认疾病的细微化学线索。

但是，尽管开展了所有这些令人兴奋的研究，并取得了一些显著的成就，但事实仍然是，在英国，进入医疗系统的患者很少能够获得个性化治疗所需的专业生物分子分析结果。除在肿瘤科外，英国还没有建立起成熟的系统，以收集和分析每位病人的生物分子数据用于个性化治疗。个性化药物经常被用作最后的手段，或用于被选入临床试验的少数幸运患者，而开展了基因组测序的人口比例其实很小。

就诊可能会被追踪健康状况的“分子咨询师”取代。

但是，这种情形正在发生改变。在英国，10万个基因组项目已经开始对约7万名癌症或罕见疾病患者及其家人的基因组进行测序，2016年NHS公布了其个性化医疗策略，助力推动在医疗服务的更多领域采用精准医学的方法。

在美国，前总统奥巴马于2015年宣布推出全球最大的精准医学数据驱动计划。它的目标是到2020年对100万名志愿者的基因数据进行登记和测序。据卡利斯称，2016年美国批准的药物中约有40%在某种程度上是“个性化”的，这意味着该疗法需要进行“匹配基因测试”，以确保其精确地靶向。卡利斯说：“在癌症方面，这种转变已在发生……公司将对肿瘤进行基因组测序，并为你制定最佳治疗方案。”

但是，在医疗保健的所有领域采用个性化医疗将需要对服务人员配置和结构进行重大改革。卡利斯说：“个性化医疗的一大重点是预防医学和治疗，而卫生保健系统以前从未为此支付过费用。这将是一个巨大的转变，将需要很多人，不仅是医生，还有受过生物分子分析培训的人。这项服务的初始用户将是能够自己负担费用的人。”

在接下来的几十年中，卡利斯预料就诊可能会被“分子咨询师”取代。分子咨询师会通过定期分析血液中的生物标记物来追

美国前总统奥巴马发起了精准医学计划，对100万名志愿者的DNA进行测序，并在多年内追踪他们的健康状况。

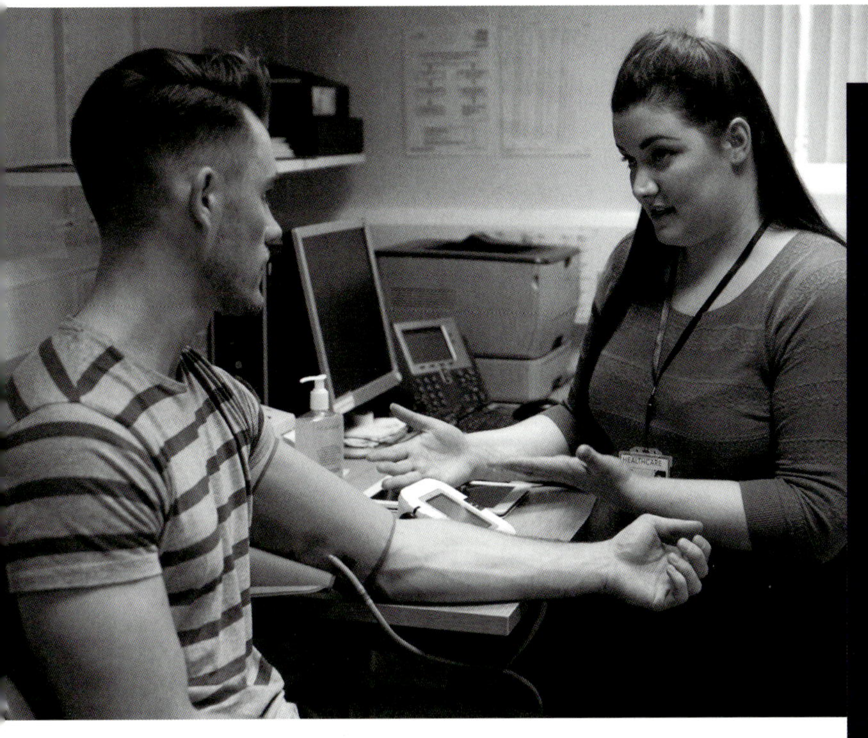

未来的全科医生

如果能充分发挥个性化医疗的潜力，那么去看你的家庭医生之旅可能会显著不同。首先，可能是你的医生要求见你。

- 为了实时追踪你的健康状况，你定期将你的血液或其他体液样本数据上传到互联网上，供专家进行远程分析。
- 在数据处理算法的协助下，分析师会在任何症状开始显现之前，很早就通知你的医生。
- 借助你的分子数据、基因图谱、家族病史以及手头类似患者的信息，医生甚至可以在你感到不舒服之前就为你开出适合你的独特状况和基因的治疗方案。
- 在治疗期间，将监测健康和疾病进展的分子指标，以便根据你的反应调整治疗。
- 如果分子分析足够先进，则可以通过相关服务完成诊断和治疗决策的大部分过程，并通过一些通信软件进行远程通信。

踪你的健康状况，并提出适合你基因的治疗方法。这实际上是能做到的，患者可将自己的血液样本数据上传到互联网上进行分析，并通过互联网进行咨询。

“分子分析将对医生职业造成极大的影响，”卡利斯说，“它将接管诊断和处方过程。医生将成为你的健康教练，其工作是保持你的健康，并留意你也许需要经常去远足或改变饮食的迹象。”

是时候对你的基因组进行测序了吗？也许还没有。根据测试的性质和复杂性，基因测序的费用可以从大约 150 英镑到数千英镑不等。

卡利斯说：“我的任务完成了，但我觉得它并没有那么有用。它告诉我，我年轻时可能易受感染，但我已经不再年轻了。”

然而，随着卫生保健系统基础设施变得以生物信息学和遗传医学为中心，未来的医学似乎将不可避免地基于你的基因开展工作。

“基因组测序一直在变得越来越便宜，”卡利斯说，“你只需要做一次。当系统就位后，你一生中每次看医生时它都将提供有关你的重要信息。”

汤姆·艾尔兰是英国皇家生物学会的特约记者兼总编。

多莉羊出生于 1996 年 7 月 5 日，是首只用体细胞成功克隆的哺乳动物。

2015 年，一名携带缺陷线粒体（细胞的“电池”）DNA 的女性使用另一名女性的 DNA 替换，产下“三亲婴儿”，这在英国正式成为合法的。

158亿

2016 年，转基因种子销售额达 158 亿美元，占全球商业种子销售额的 35%。

无性繁殖生物产生与其自身相同的副本时，克隆就在自然界中“天然地”发生了。

美国、巴西、阿根廷、印度和加拿大是 2015 年种植转基因农作物前 5 名的国家。

食用非转基因食品将使家庭平均食品预算每年从 9462 美元增加到 12181 美元。

90%

美国销售的 90% 的大豆、棉花、玉米和甜菜都已被基因修饰过。

苹果经基因修饰以减少瘀伤和褐变，这是通过降低引发该现象的酶的含量实现的。

遗传学的未来

基因工程可能是解决一系列问题的方法，它可以让我们消除饥荒、治愈疾病、挽救濒临灭绝的物种。但所有这些都建立在我们对遗传学有足够的了解的基础上，以避免因干涉我们的基因密码——以及其他生命形式的密码所带来的危险。那么我们该何去何从？我们应使用该项技术来解决哪些问题？我们要拯救哪些物种？我们要使谁死而复生？

所有克隆生物都去哪儿了

科学家克隆绵羊多莉已经 **20** 多年了。从那时起，各种其他动物都被克隆了。但我们应该这样做吗？克隆人类的前景又会怎样？

撰文：亨利 · 尼科尔斯和海伦 · 皮尔彻

胚胎学家比尔·里奇知道绵羊多莉是个大新闻。但回首新闻媒体大肆报道克隆羊的日子，他仍然对它引起的轰动感到惊讶。“到星期一早上，这里已经挤满了载着碟形天线的卡车，正向全世界播发新闻。”当时在英国爱丁堡大学罗斯林研究所工作的里奇说，“所有的地狱都破灭了。”

一位记者认为，多莉可能预示着“一场堪比原子弹、登月火箭或DNA本身的科学爆炸”。有人指责科学家们在扮演上帝的角色，一些人设想了成群的克隆羊。一位评论员甚至提出了一个令人担忧的前景：“任何一个体面的大学生或研究生都有可能克隆一个人。”其他人则比较乐观，认为克隆可以拯救濒危物种。

鉴于这件令人激动的事，我们有理由问发生了什么。现在所有的克隆都在哪里？什么有用，什么无效？谁还在克隆，为什么？多莉诞生已有20多年，它留下了什么？

里奇说：“每个人都认为这将会很容易。但事实并非如此。以多莉为例，里奇成功地创建了277个克隆的绵羊细胞。其中，只有29个开始正常分裂并被植入代孕母羊体内。仅有一只怀孕到了足月。“这不是一种特别有效的技术，”他解释说，“我有时想知道它究竟是如何工作的。”

但我们是否学到了什么来帮助我们提高效率呢？“不是很多，”里奇说，“这仍然是一个非常低效的过程。”这个事实解释了为什么众多用于克隆的应用还没有开始。以农业为例，人们会对复制牧群中最珍贵的个体、同时提高动物的质量和一致性抱有极大兴趣。但克隆成功率低，再加上对消费克隆产品安全性的担忧，这意味着只有最大胆的“玩家”才敢涉足。

低效和激励

效率低下也意味着克隆有价值的动物仍然在一定程度上保有商机，只有超级富翁才能涉足。例如，在美国的爱达荷州，商人兼骡子赛跑爱好者唐纳德·杰克林将他的部分财富投入克隆骡子的项目中。克隆也被用来创造去世赛马的繁殖复制品。这并不便宜，但考虑到有价值的种马所能带来的天文数字收益，这可能带来商业上的激励。它仍是一项具有商机的活动。

那么，人类克隆动物真的有什么意义吗？我们应该克隆人吗？未来会怎样？

我们能克隆一个尼安德特人吗？

尼安德特人的基因组是在2010年测序的。同时，新的基因编辑工具意味着“消除灭绝”的技术障碍正在被克服。所以，从技术上讲，我们可以尝试克隆尼安德特人。我们需要先将尼安德特人的DNA导入人类干细胞，然后再找到人类代孕母亲来携带尼安德特人的胚胎。但母亲和胚胎之间可能存在不匹配，可能会使该努力无法实现。

克隆尼安德特人也许是可能的，但这是否符合伦理？

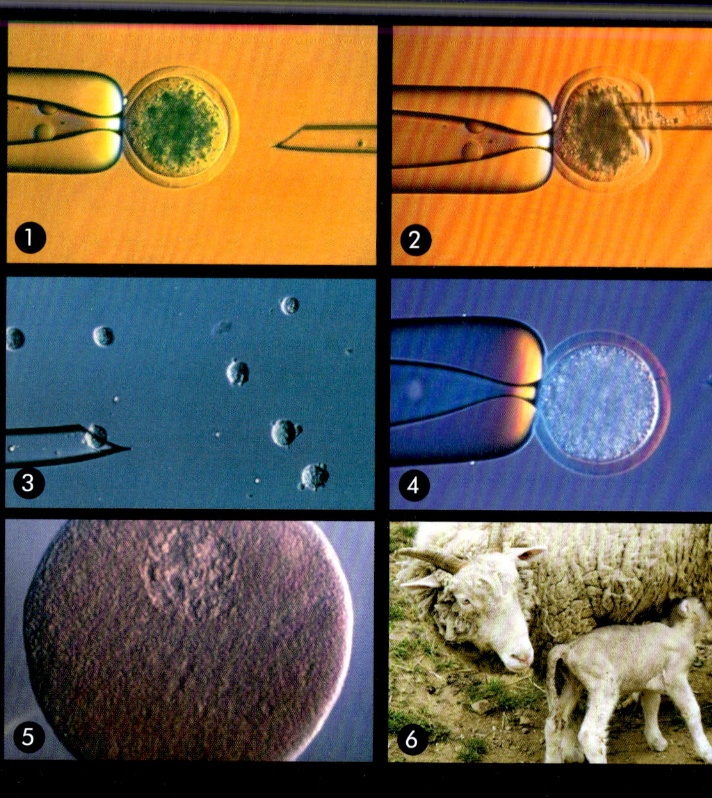

克隆如何工作？

早期胚胎中的细胞具有类似于超能力的东西，它可以转化为生物体的任何部分，可能是皮肤细胞、肌肉细胞、神经细胞或血细胞。在多莉绵羊之前，所有人都认为哺乳动物的这种特化过程，即所谓的“分化”是不可逆转的。多莉证明了不是这样。

1. 科学家从卵细胞开始。
2. 从卵细胞中去除细胞核（包含大部分遗传物质的细胞结构）。
3. 单个分化细胞，在本例中是来自成年供体的乳房细胞，由一根细小的针头拾取。
4. 将乳房细胞注入卵细胞中，并使用小的电脉冲将细胞核融合到新环境中，启动细胞分裂。
5. 卵细胞与分化细胞融合。你可以在这张图片中看到卵细胞现在有一个细胞核（上部中心）。
6. 胚胎被植入代孕母羊的子宫中，它怀孕克隆体至足月。

时间轴：被克隆的动物

1894年

1894年，德国生物学家汉斯·德里施从那不勒斯湾取出一只双细胞海胆，放入烧杯然后摇晃。细胞分裂，产生了两个相同的海胆。

1902年

1902年，另一位德国科学家汉斯·施佩曼用他幼子的一根细发将蝾螈胚胎一分为二。结果是，花了一只的价钱得到两只两栖动物。

1952年

1952年，在美国，罗伯特·布里格斯和托马斯·金成功地进行了细胞核移植，他们将一个青蛙胚胎细胞的细胞核移到一个卵细胞中，而卵细胞自身的细胞核已经被去除。

1962年

1962年，牛津大学生物学家约翰·格登没有使用青蛙胚胎的细胞核，而是从成年青蛙身上提取，以表明分化的细胞核仍然具有成为一只完整动物的能力。

克隆如何帮助对抗疾病?

克隆非常有价值的应用之一是改进现有的人类疾病的小鼠模型。

“老鼠不是人，”多莉绵羊项目的关键人物、德国慕尼黑理工大学畜牧生物技术系主任安格莉卡·施尼克说，“猪也不是人，但它的生理学表征更接近人。”在过去的几年里，克隆技术已被用来创建猪的囊性纤维化、肠癌、糖尿病和心血管疾病模型。它们被用来测试新药、成像技术和治疗方案。

克隆也使我们更接近一个猪器官可以常规用于移植的世界。通过修饰猪胚胎细胞并引入一些人类基因，研究人员已经能够克隆出具有不太可能被人类免疫系统排斥的器官的猪。

通过克隆技术，人们还可以考虑培育对常见疾病具有抗性的工程动物。例如培育对引起昏睡病的寄生虫具有抵抗力的转基因牛，而昏睡病是撒哈拉以南非洲畜牧业发展的一个主要制约因素。

最近，科学家克隆了猴子。2018 年早些时候，中国的研究团队已经克隆了两只雌性长尾猕猴中中和华华，以求帮助治疗癌症、帕金森病和阿尔茨海默病等疾病。猴子当然是比老鼠等更接近人类的物种。事实上，所有在老鼠身上模拟阿尔茨海默病症状的治疗尝试，在人类身上试验时都没有成功。但是为克隆而繁殖猴子或其他动物的成本也是一个问题。

克隆也可能对环境有益。加拿大圭尔夫大学的研究人员已经创造出了环保猪，它有一种额外的酶，意味着它们粪便中产生的磷酸盐更少，因此污染也更少。

韩国首尔，黄禹锡教授的助手从牛和猪的卵巢中提取卵子。

1963 年

1963 年，中国胚胎学家童第周将同样的技术应用于鱼类，可是他的研究成果最初是用中文发表的，在中国以外并没有受到太多的关注。

1996 年

1996 年，培育多莉绵羊时，在克隆的 277 个绵羊细胞中，只有 29 个发育成胚胎。多莉是唯一被植入母羊体内后继续发育的绵羊。

2001 年

2001 年，美国得克萨斯农工大学的研究人员利用一只名叫彩虹的棕色、白色相间的虎斑猫的细胞来制造“CC”(又名“复制猫”)，创造出了第一只克隆宠物。

2001 年

2001 年，美国先进细胞技术公司的科学家首次克隆了一种濒危物种，名叫诺亚的白肢野牛，一种原产于亚洲（印度）的野牛，两天后死于痢疾。

2005 年

2005 年，备受争议的韩国科学家黄禹锡利用一只阿富汗猎犬的耳细胞创造出了世界上第一只克隆狗斯努皮，拉布拉多犬充当了代孕母亲。

我们能创造出毛茸茸的猛犸吗？

可以这么说。在韩国、日本和美国，有3支队伍正竞相复活这头长毛象。但它不会和真的猛犸完全一样，只是一头带有一点猛犸DNA的大象。它会有长而蓬松的皮毛、厚厚的隔热体脂和血红蛋白，可以在零下的温度中将氧气输送到全身。所以，这将是一种看起来像猛犸的动物，但实际上是一头大象，它的DNA已经改变，所以可以在寒冷中生存。如果你愿意，可以叫它“猛犸”，或者叫“象”。

科学家们也在努力复活其他动物。早在2003年，欧洲科学家就成功地使比利牛斯野山羊（或称布卡多山羊）复活，这种山羊几年前就已经灭绝了。可悲的是，这个羊崽出生几分钟后就死了，因此布卡多山羊不仅是第一个从灭绝中复活的动物，也是第一个两次灭绝的动物。

从那以后，科学家们一直在改进他们的方法并开发新的灭绝物种复活技术。在澳大利亚，迈克尔·阿切尔教授和他的同事们正试图复活胃育蛙。胃育蛙是一种不寻常的动物，它先在胃里哺育幼蛙，然后再把完全成形的小青蛙打嗝吐出。到目前为止，研究小组已经培育了“几乎”变成蝌蚪的胚胎，但还没有完全变成蝌蚪。下一步是促使这些胚胎变成青蛙，阿切尔相信他们会成功的。

克隆的德国斗牛犬在韩国秀岩生物技术研究基金会的设施里争相引起人们的注意。

我们应该创造克隆吗？

支持

德国慕尼黑理工大学畜牧生物技术系主任安格莉卡·施尼克表示，克隆技术对生物医学有巨大的价值："它使我们能够对动物进行精确、可控的改造。"其应用是无止境的。通过基因编辑和克隆技术的结合，我们应该能够创造出不易感染疾病的家畜，改善动物福利和人类的生计。克隆还有望为我们提供更精确的人类疾病动物模型，以及可用于移植的器官。施尼克认为禁止克隆是不道德的："如果我能用更少的动物（用于研究），那是有意义的。"

反对

对于英国基因观察组织总监海伦·华莱士而言，多莉的诞生是我们与自然界关系的分水岭，"朝着将动物视为仅是为方便起见而创造的商品的方向迈出了重要一步"。克隆仍是一个低效过程的事实也令人关注。她说："克隆的胚胎经常流产或过早死亡。"华莱士认为，不应允许克隆宠物和牲畜。但是，即使克隆的目的是改善动物和人类的健康，也需要更多审查，她说："应该考虑替代品，并开发出非动物实验方法，以便广泛使用。"

你会克隆你的狗吗？

位于韩国首尔的秀岩生物技术研究基金会的实验室定期为韩国国家警察厅生产克隆狗，甚至还会以大约 6.5 万英镑的价格克隆你的宠物狗。

不过，尽管克隆狗会看起来和你的狗一样，但是它不会一模一样。就像同卵双胞胎发展出不同的性格、身体特征和疾病一样，"菲多二世"（译者注：美国前总统林肯的狗名叫菲多，也被暗杀了）也会长成不同的狗。当前的克隆技术是不可靠的。克隆一只健康的动物通常需要进行 100 次以上的尝试，即便如此，子宫内的条件和其他环境因素也会对克隆狗的外貌和性格产生巨大的影响。

我们能复活恐龙吗？

遗憾的是，现实世界的侏罗纪公园是不可能的。为了克隆恐龙，科学家需要它的 DNA。但 DNA 会随着时间流逝而降解，也就是说几百万年后，恐龙的 DNA 就不存在了。众所周知，恐龙在 6500 万年前就灭绝了，所以它们的 DNA 永远消失了。没有 DNA，就没有恐龙。

亨利·尼科尔斯是一位科普作家。
海伦·皮尔彻是一位科普作家和表演者。

转基因婴儿的曙光

“三亲婴儿”已在墨西哥和乌克兰诞生。

撰文：佐伊·科米尔

早在 2015 年 2 月，英国议会就投票通过了《2008 年人类受精和胚胎学法案》，允许携带线粒体疾病的家庭进行“三亲试管婴儿”。这些疾病由基因编码，通过线粒体（细胞的“电池”）从母亲传给孩子。线粒体是细胞内微小的盘状细胞器（微小的器官）。线粒体的主要功能是产生三磷酸腺苷（ATP），即生物的能量货币。线粒体的数量因细胞类型而异：红细胞不含任何线粒体，但肝细胞每个可容纳多达 2000 个线粒体。

人类卵细胞像大多数细胞一样含有线粒体，但精子细胞仅在尾部有线粒体。在受精过程中，包含基因的精子头部插入卵子。而精子的尾巴，也就是它的线粒体，被留下了。这就是我们所有人都只从母亲那里继承线粒体 DNA 的原因。

线粒体功能异常会导致各种各样的疾病，且无法治愈。它们会定期攻击那些对能量需求较大的器官（包括肾脏、心脏、肝脏、大脑）、肌肉和中枢神经系统。线粒体疾病在婴儿期通常是致命的，但也经常会在青春期或成年期发作。据估计，英国每 200 名儿童中就有一名携带某种形式的基因突变，这种突变可能在生命的某个时刻导致出现线粒体疾病。每年，每 6500 个婴儿中就有 1 个出生时是线粒体重症病患者，以致他们活不到成年甚至 1 岁生日。

“线粒体疾病是可怕和残酷的，尤其是即使作为父母，你也无能为力。”利兹·柯蒂斯说，她的女儿莉莉 8 个月大时死于利氏综合征。虽然莉莉幼儿时就去世了，但其他人活到 5 岁或 10 岁，然后病情慢慢恶化。柯蒂斯说：“看着孩子失去走路、说话、吃饭的能力，到最后微笑也令人心碎。”为了纪念自己的女儿，她成立了莉莉基金会，以支持那些应对线粒体疾病的家庭，并资助潜在疗法的研究——因为没有一种方法可以使莉莉免于死亡。

目前在英国，每年有 150 多名孩子出生后会遭受严重的线粒体疾病，他们或他们的家人通常都不知道。最新研究表明，一些老年疾病与线粒体异常相关，如前列腺癌和阿尔茨海默病。柯蒂斯和大多数父母一样，也不知道她携带了任何有缺陷的基因。“我甚至从来没有听说过线粒体疾病，我家里也没有人听说过。这完全出乎意料。”她说。

像柯蒂斯这样的人能携带线粒体突变，但自身未表现出症状的主要原因是线粒体有一种特性，该特性称为“异质性”。

虽然人体内每个非生殖细胞的细胞核中的DNA都是相同的，但线粒体基因的选择有所不同。当一个细胞分裂时，它的染色体被复制，每个子细胞接收相同的染色体。但是，微小的线粒体——记住，每个细胞可以有多达2000个线粒体，在两个子细胞之间随机分配。哪个细胞得到携带哪个基因的线粒体是偶然性的问题。这就是为什么一个家庭中的一个兄弟或姐妹可能会遗传线粒体疾病，而另一个兄弟或姐妹却不会遗传，以及为什么母亲会在不知不觉中携带一种危险的基因。

因此，可能导致疾病的突变随机且不均匀地分散在不同细胞之间。诱发疾病的线粒体突变不仅在个体之间存在差异，而且在一个人的不同组织之间也存在差异：我们都是线粒体镶嵌体，在任何特定的细胞中，一个线粒体基因异常需要达到一定的“阈值”，疾病才会显现出来。

改变的胚胎

2015年初在英国合法化的这项技术允许母亲生育一个基因上属于自己的婴儿，且不会有遗传线粒体危险突变的风险。该过程被称为“线粒体捐赠”或“线粒体移植”。携带缺陷线粒体的准妈妈可以选择从卵子中取出细胞核DNA，植入携带健康线粒体的供体卵子中。接下来卵子与父亲的精子结合，然后被植入母亲的子宫中。

英国纽卡斯尔大学维康桑格研究所的研究估计，英国有2473名妇女有将线粒体疾病传给孩子的风险，因此可以从治疗中获益。

上图：阿兰娜·萨里嫩是通过体外受精（IVF）怀上的，该技术2001年被美国食品药品监督管理局禁止。年轻供体卵子的细胞质捐献给了她母亲。

下图：线粒体是细胞的“电池”，但是也含有自身的DNA。

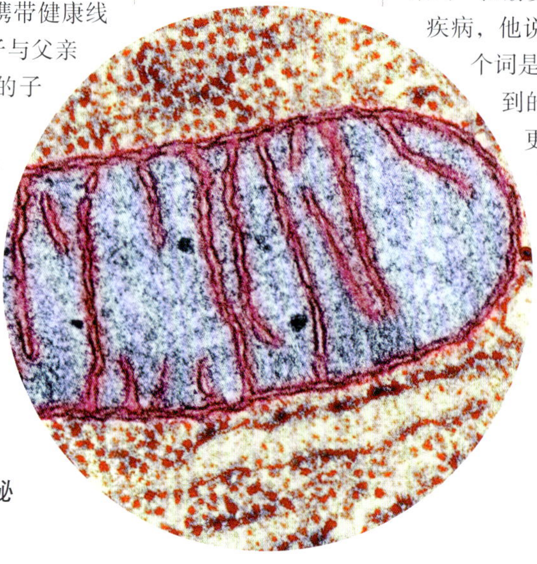

“法律已经改变了，我真是太高兴了。”柯蒂斯说，“知道一个家庭可以生出自己的没有疾病的孩子，这是非常值得的”。

三个家长？

以这种方式受孕的孩子被媒体称为“三亲婴儿”，因为从技术上讲，他们携带了来自3人的DNA——尽管只有捐赠者卵子中的37个基因，相比之下来自母亲的基因有20000个。美国加利福尼亚大学洛杉矶分校儿童健康研究所的儿科代谢医学教授沙米玛·拉赫曼20多年前就开始研究线粒体疾病，他说：“不幸的是‘三亲婴儿’这个词是被创造出来的。我担心我们看到的是一组没人真正了解的疾病，更不用说如何治疗了。他们可能非常虚弱，这令父母心碎。”

除了耸人听闻的说法外，“三亲”这个叫法在几个方面也具有误导性。首先，女性线粒体供体在抚养孩子的过

“线粒体疾病可能使人极度虚弱，令父母心碎。”

——沙米玛·拉赫曼，美国加利福尼亚大学洛杉矶分校儿童健康研究所儿科代谢医学教授

程中几乎没有任何作用。其次，线粒体中携带的DNA数量（37个基因与细胞核中的20000个基因相比）很小，仅占整个基因组的约0.1%。当然，不管怎样，已经诞生了携带三个父母DNA的孩子。

现已发现，作为代孕母亲的妇女会将微量的线粒体DNA传递给她们所怀的婴儿，这会持续9个月。同时，在20世纪90年代末，通过“卵胞质移植”受孕的孩子们后来被发现携带了来自供体的少量DNA。卵胞质移植是一种体外受精技术，通过将年轻供体卵子中的细胞质注射到接受生育治疗的妇女较老的卵子中，提高卵子的生存能力。由此技术获得的一些孩子还活着且身体健康。然而，美国食品药品监督管理局早在2001年就停止了这种治疗，并且尚未批准新的线粒体捐赠技术。

然而，线粒体捐赠不同于代孕和细胞质移植的原因很简单：它公开的目的是用三个父母的DNA来得到孩子。因此刻意寻求改变孩子的可遗传DNA，这本身就有更令人不安的地方。与药物治疗不同，基因改变是永久性的。

它如何工作？

有数种由三位父母创造婴儿的方法。以下是其中的两种。

纺锤体移植术

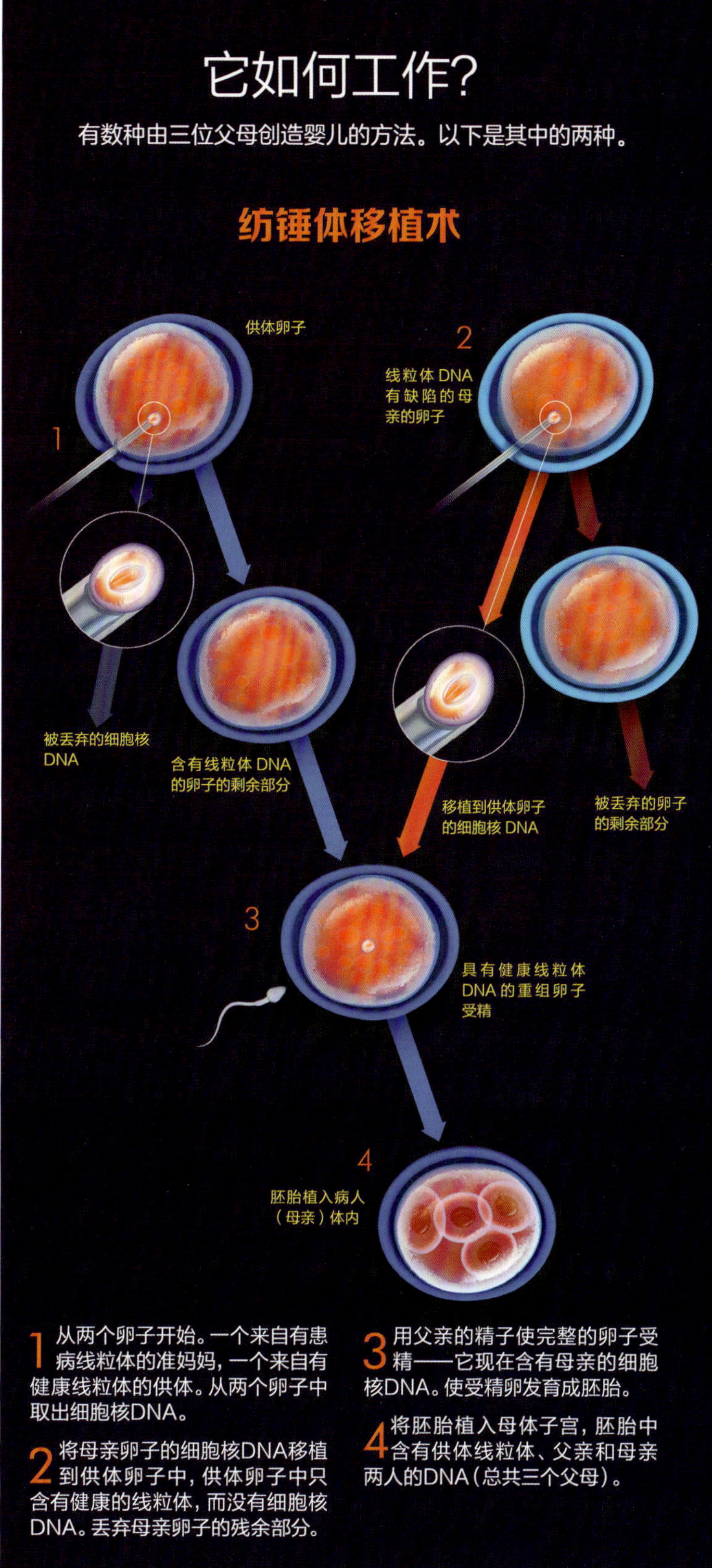

1 从两个卵子开始。一个来自有患病线粒体的准妈妈，一个来自有健康线粒体的供体。从两个卵子中取出细胞核DNA。

2 将母亲卵子的细胞核DNA移植到供体卵子中，供体卵子中只含有健康的线粒体，而没有细胞核DNA。丢弃母亲卵子的残余部分。

3 用父亲的精子使完整的卵子受精——它现在含有母亲的细胞核DNA。使受精卵发育成胚胎。

4 将胚胎植入母体子宫，胚胎中含有供体线粒体、父亲和母亲两人的DNA（总共三个父母）。

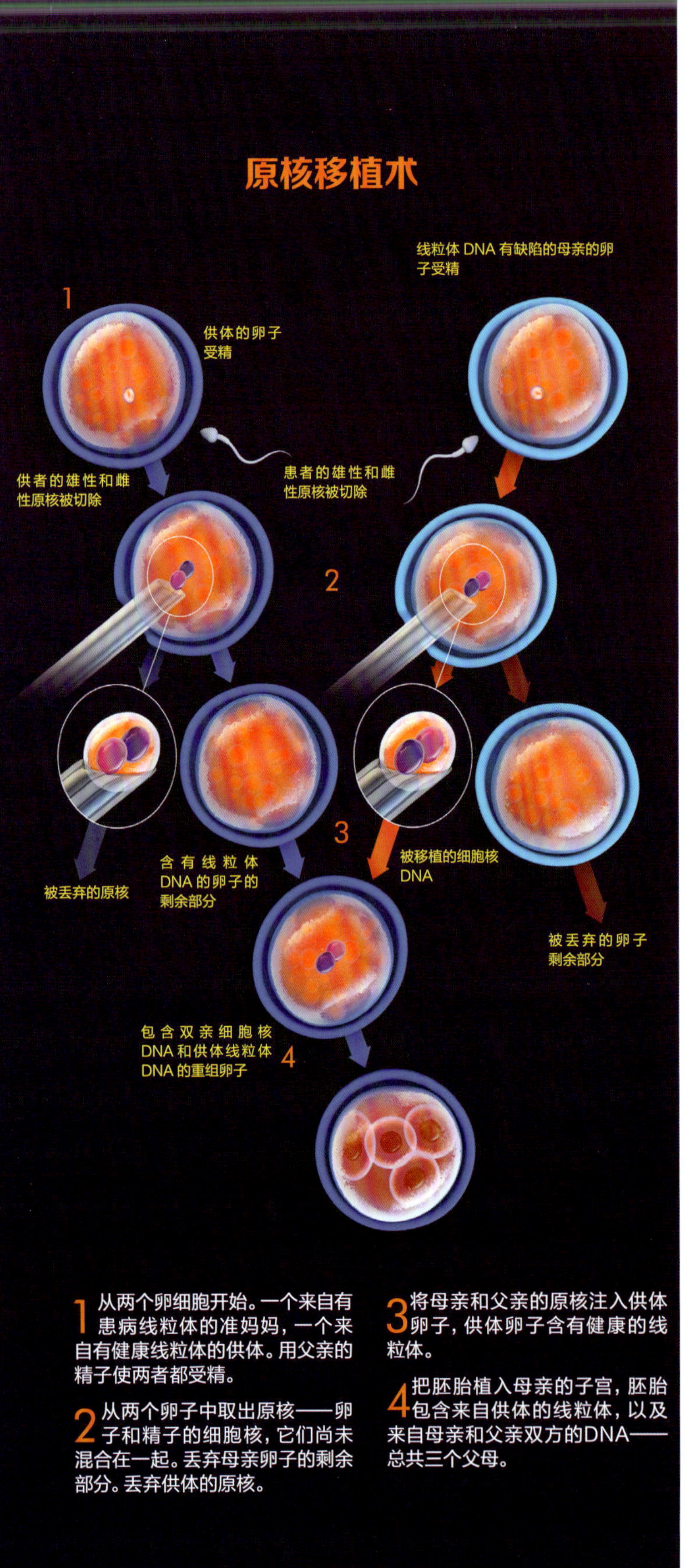

> “在一个备受尊重的监管体制内，这是世界领先的科学。”
>
> ——英国国会卫生部副国务卿、下院议员简·埃利森

《纽约时报》在2014年的一篇文章中称，创造这些转基因婴儿是“危险的一步”和“极端的程序”，该文由遗传与社会中心执行主任马西·达诺夫斯基撰写。很自然，这使人们担心线粒体捐赠可能会导致“设计婴儿”（尽管线粒体基因并不编码眼睛颜色等可见特征）。美国内布拉斯加州的政客杰夫·福滕伯里甚至称之为“一种可怕的优生克隆形式”。

抛开下意识的反应不说，我们有理由保持谨慎。越来越多的研究表明，线粒体比单纯的“电池”重要得多，其职责包括影响神经信号传导的速度、为肝脏中的氨解毒，以及在细胞程序性死亡中起关键作用。此外，遗传信息不断地在细胞核和线粒体之间穿梭。这意味着线粒体从一名女性移植到另一名女性可能会产生意想不到的后果。

然而，有关线粒体置换最令人困扰的事实可能是，它仅适用于少数携带线粒体疾病的家庭。我们现在知道，在细胞核的DNA中有1000个基因（可能有1500个）编码线粒体形成所必需的蛋白质。然而，这里的许多基因也会导致错误。

线粒体捐献能否会像体外受精一样成为主流？

可能只有1/4的线粒体疾病可以归因于线粒体自身的基因。拉赫曼说："即使从20多年前开始，很明显，大多数患有线粒体疾病的儿童并不携带线粒体DNA突变。"

换言之，3/4携带线粒体疾病的家庭将无法使用线粒体捐赠来保护他们的孩子。尽管如此，英国人类受精和胚胎学管理局仍对该疗法进行了3次科学审查，并得出结论认为该疗法是安全的。

2015年2月，英国国会卫生部副国务卿、下院议员简·埃利森对下议院表示："对议会来说，这是大胆的一步，但也是深思熟虑的一步。在一个备受尊重的监管体制内，这是世界领先的科学，对受影响的家庭来说，这是黑暗隧道尽头的一道亮光。"

2018年7月，路易丝·布朗迎来了她40岁的生日，她是世界第一个试管婴儿。然而今天已有500多万儿童通过体外受精出生。最终，医生们相信，这项新技术将沿着体外受精的道路发展，成为一种可以改变生活的常规疗法。

佐伊·科米尔是一名自由职业科学记者、英国"游击科学组织"的创始人。

产前治疗

输血

自1989年以来，人们已经成功进行了胎儿输血。它们涉及向发育中的胎儿（通常是通过脐带）注射供体的血液。该方法被用于诸如裸淋巴细胞综合征、免疫系统功能紊乱、重症联合免疫缺陷病（SCID）或"泡泡男孩综合征"等病症。

干细胞移植

输血通常只在病人出现疾病症状时进行。但是为了更早地治疗遗传性疾病，如SCID和镰状细胞贫血症，研究人员正在尝试将供体干细胞注射到胎儿中的疗法。目前还没有进行人体试验，但动物研究显示很有希望。

产前基因治疗

利用修饰过的病毒将基因导入病人的细胞核DNA中的基因疗法，已经被用于治疗成年人和儿童的某些疾病20多年了。但对于许多疾病（如囊性纤维化），器官损伤在儿童时期就已经发生，有时甚至在出生前就已经发生。通过对子宫内胎儿的治疗，研究人员希望能在损伤开始之前就阻止它。该方法已经在小鼠、猴子和绵羊身上成功地进行了试验。

胎儿"激发"

研究人员正在探索通过移植蛋白质（而不是基因或整个细胞）来"激发"发育中胎儿的免疫系统的潜力。患有血友病的成年人可以通过注射凝血蛋白进行治疗，但大约1/5的人会排斥供体蛋白。通过脐带注射这种蛋白"激发"胎鼠的免疫系统，幼鼠在出生后更容易接受移植。

转基因食品：值得充分讨论的话题

转基因食品已经存在了 30 多年，但它仍然饱受争议。那么，它安全吗？我们是否应该让它摆上货架呢？

撰文：吉姆·邓威尔

上图：美国明尼苏达州的一位研究人员正在研究转基因玉米试验作物。

右图：土壤细菌苏云金杆菌的基因可以被嵌入到农作物的基因中，使它们对某些害虫具有抗性。

最右图：美国艾奥瓦州的这片土地上正在种植不同品种的转基因大豆。

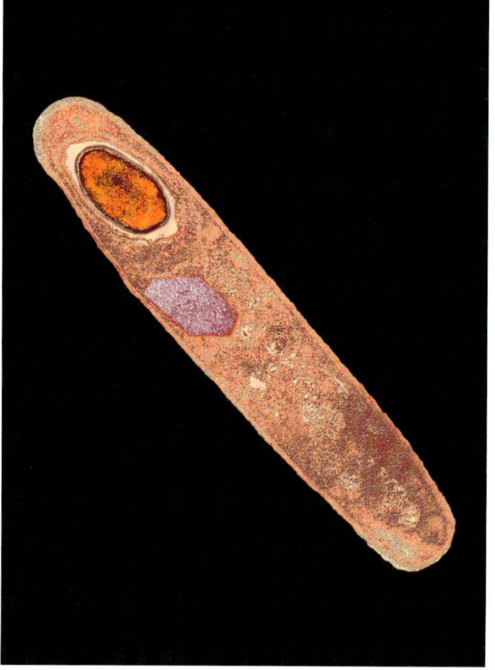

对大多数人而言，美国迈阿密要么是阳光普照的度假胜地，要么是美国犯罪剧的首选拍摄地。然而，在 1983 年，它却被永远写入科学年鉴中，因为它第一次宣告我们可以将特定基因导入植物细胞，然后培育出被改革单一性状的整株植物。在此之前，植物育种学家只能将两个亲本杂交，然后筛选出具有更好性状的稀有个体。这一过程从本质上来说是碰运气，要花费好几年时间才培育出具有所需性状的新品种。突然间，相对容易地对现有品种进行特定改良成为可能，由此开始了转基因（GM）或转基因农业的时代。

从那时起，一场由美国农业和农药公司孟山都为首的竞赛开始了，旨在开发这项技术并开发新的农作物品种。第一个目标是那些预期将产生最大销售额的产品。两种主要产品：一是设计对除草剂具有耐受性的植物，特别是孟山都公司生产的除草剂草甘膦，这样可以在不损害作物的情况下杀死杂草；二是表达来自土壤细菌苏云金杆菌（Bt）的毒素编码基因，以使其对某类害虫具有抵抗力。这些方法背后的战略代表着某种程度上的革命。在第二次世界大战之后的一段时间里，研究投资仅仅集中在发现新的除草剂和杀虫剂上。但现在，科学家们可以通过修饰农作物中的基因而不是发明新的化学物质喷洒到作物上，从而达到同样的效果。1996 年，第一批转基因农作物进入美国市场，销量迅速增长。

据估计，2015 年转基因种子的销售额为 153 亿美元。它们在 20 多个国家被种植，面积超过 4.4 亿英亩（1 英亩 ≈ 4047 平方米），比 1996 年增长了 100 多倍。2015 年，转基因作物种植面积排名前 5 的国家是美国（1.75 亿英亩）、巴西、阿根廷、印度和加拿大。在美国，90% 以上的玉米、大豆和棉花都是转基因作物，而欧盟（主要是西班牙）仅种植了约 29 万英亩的玉米，这些玉米都是抗虫品种。

> 尽管转基因种子更贵，但额外成本可以被视为一种针对杂草或害虫造成农作物损失的保险。

尽管转基因种子比传统的同类种子更贵，但额外成本可以被视为一种针对杂草或害虫造成农作物损失的保险，因为不再需要在反复喷洒除草剂或杀虫剂上花费那么多的时间和钱了。

那么为什么欧盟农民不走同样的道路呢？答案是因为转基因种子供应和需求两方面的差异。首先，这两个地区的农作物种植范围不同，欧洲种植的大豆很少。也许更重要的是，大西洋两岸对转基因作物和从这些作物中获取食物的态度是不同的。在美国，农业生产主要在远离主要人口中心的地区进行，这些地区也普遍接受了政府的转基因政策。

然而，在欧洲，人们对耕作地点的认识要深刻得多，因为人们倾向于生活在距农业地区更近的地方。在许多国家，人们对政府和围绕转基因的法规也越来越不信任。但这些观点在整个欧洲并不统一。这种多样性，加上目前欧盟成员复杂的政治状况，意味着几乎没有转基因作物被批准种植。这已经导致商业投资从欧洲的转基因领域撤出，转而投向美国或东南亚。这延续了商业快速整合趋势，未来可能只有 3 家大型企业，这对许多人来说是一个重大问题，他们认为包括转基因在内的农业的商业主导地位不利于公平竞争，并对发展中国家的生计构成威胁。

转基因食品安全吗?

除了基于人们觉察到商业权力集中在少数人手中的危险而提出的反对之外，还有人以食品和环境安全为由对转基因提出了批评。但这有什么证据吗？首先，考虑我们所食用的农作物的起源，许多农作物都是其野生祖先的基因突变，这种自发突变已被确认发生在 20000 年到 10000 年前，那时人类从狩猎和采集转向耕种。这些突变导致了作物特征的巨大变化。例如，野生马铃薯通常含有称为糖苷生物碱的有毒化学物质，它可以保护它们免受昆虫侵袭。同样，野生番茄品种中的可食用果实数量也比栽培番茄品种中的要少得多。

布鲁塞尔欧盟总部外的转基因抗议者。

我们最近对农作物 DNA 进行测序的能力的提高，已经有了对上述进化过程的有趣发现。现在很明显，基因组一直在不断地获得和丢失基因。作为“水平基因转移”过程的一部分，这些基因通常来自其他物种。例如，人类含有大约 50 个来自其他生物体的基因，包括 27 个来自各种病毒的基因。因此，我们应该考虑生物的基因组不是固定不变的，而是逐渐变化的。

但是，无论这些基因变化是自然诱发的还是人类造成的，是否都对食品安全有影响呢？我们身体的每一部分，从皮肤到骨骼，从血液到大脑，都是由食物分解和重组所获得的化学成分组成的。转基因食品中的 DNA 和蛋白质与其他食物中的 DNA 和蛋白质具有完全相同的化学构成要素。在过去的 20 年里，无论是作为新鲜水果（如木瓜），还是作为玉米、大豆、甜菜或油菜的加工产品，还没有证据表明食用转基因食品的数百万人受到了伤害。

在过去的 20 年里，还没有证据表明食用转基因食品的数百万人受到了伤害。

几个世纪以来，农民们一直在有选择地培育作物：胡萝卜过去是紫色的，但被培育成更熟悉的橙色，而且全部未经过基因改造。

事实上，全球主要的食品安全问题是由污染引起的食源性疾病，主要是沙门氏菌和大肠杆菌等细菌，以及病毒、寄生虫、毒素和化学品。2015 年，世界卫生组织首次对全球食源性疾病的负担进行了估算，结果显示，每年约有 1/10 的人因食用受污染的食品而生病，42 万人因此而死亡。这也具有重大的经济影响。德国 2011 年的大肠杆菌疫情暴发，在食用发芽的有机苦豆种子后 50 人死亡，据报道，疫情还给农业和工业造成 13 亿美元的损失。

有些人担心转基因作物所导入的基因会传播给它们的野生亲属带来的潜在危险。这种“基因污染”被认为是不可逆转的，是对物种多样性或稳定性的威胁。尽管编码抗除草剂的基因已被证明在转基因草的花粉中转移到了一个野生亲属上，但这对环境没有影响。此外，已知在种植的作物与其野生亲缘植物之间授粉频率很低，反之亦然。

在大多数工业化国家和发展中国家的许多地区，都有涵盖转基因作物进口和种植的政府法规，以及关于是否必须标注转基因作物加工食品的指南。在欧盟和美国，该法规适用于转基因生物的生产过程。相反，加拿大的监管侧重于所生产的产品，而不是其生产方法。现在世界各地的许多科学家认为，监管的目标应该是产品而不是过程，因为这种监管方法可以包容近年来开发的所有新育种技术。

转基因的未来

欧洲的情况有些矛盾，只有很小部分农田用于种植转基因作物，但大约 90% 的进口大豆（动物饲料的主要成分）是转基因的。这意味着，由于许多动物都食用进口转基因饲料，欧盟人民间接消费了大量转基因食品。食用这些（转基因）产品的动物，它们的肉、奶和蛋在英国各地都有销售，但无须贴上转基因标签。相比之下，供人们直接食用的转基因产品则被标记为含有转基因成分。然而在美国，产品一旦获得监管部门的批准，就被视为等同于非转基因来源的产品，并不需要贴标签。

欧洲的奶牛通常以转基因大豆为食，这意味着当人们吃牛肉或喝牛奶时，他们间接地（也许是不知不觉地）食用了转基因生物。

多项经济研究表明，从食物链中去除转基因生物将产生重大影响。美国普渡大学 2016 年开展的一项研究发现，如果转基因生物被排除，农作物产量将下降，大宗商品价格将上涨。玉米价格将上涨高达 28%，大豆价格将上涨高达 22%。

科学家们可以利用基因编辑技术来创造具有特定性状的农作物，而不是依靠选择性育种。

2015 年，美国北卡罗来纳州立大学开展的一项类似研究发现，如果美国有人想转变为非转基因饮食，那么当逐项直接比较时，非转基因食品的成本平均要比转基因食品高出 33%。按每盎司（1 盎司 ≈ 28 克）计算，非转基因食品的成本平均要高出 73%。概括一下美国家庭消费的一篮子典型食品的成本，非转基因食品的消费将使家庭平均食品预算从每年 9462 美元增加到 12181 美元。

那么，在转基因技术正接近“中年”的今天，其现状如何呢？它会很快消失吗？或者，还是会进一步繁荣并有助于为未来数十亿人提供食物做出贡献？根据客观证据，绝大多数国际科学家认为该技术是安全的。不管怎样，相关研究仍在快速进行。目前正在开发数十种形式的转基因和基因编辑作物，以及一些动物。其中包括不褐变的苹果和土豆、富含额外营养的紫色番茄，甚至还有 AquaBounty（译者注：AquaBounty 是美国的一家生物科技公司）鲑鱼——一种经过基因改造的鱼，它可以全年生长，从而降低生产成本并减少对环境的影响。

与以前主要针对农业的（转基因）产品相比，这些产品可能会带给消费者更直接的好处。在英国，新的立法可能会鼓励建立一个更合理、更相称的监管体系，使得英国的科学人才更高效地发挥作用。但只有时间才能证明这种情况是否发生，而转基因技术以另一代科学的形式成为留给人类的遗产。

吉姆 · 邓威尔是英国雷丁大学植物生物技术专业的教授。他研究植物育种、基因表达和蛋白质。

生物黑客

业余爱好者正在把改变 DNA 作为一种爱好，他们是谁？他们在干什么？

撰文：J.V. 乔马利

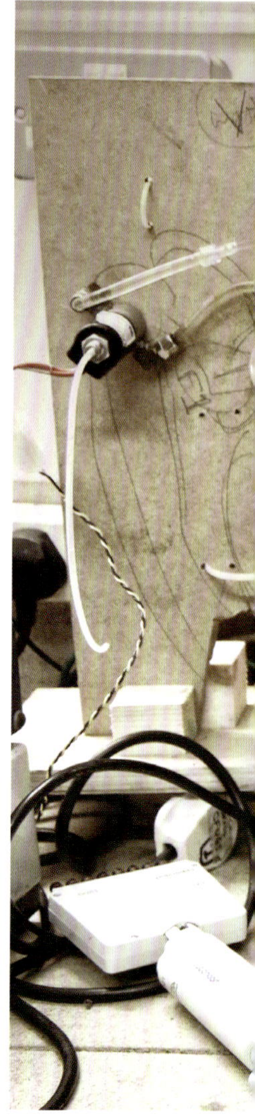

虽然我们很多人认为“黑客”是指破坏事物的人（从技术上讲，这是一个“破坏者”），但这个词更恰当地适用于制造或重新利用事物的人，特别是那些爱捣鼓技术的人。“生物黑客”以生物技术自娱，并成为 DIY 生物运动的一部分参与者。

DIY 生物小组是为业余爱好者而非专业科学家设立的，由志愿者管理。成员通常按月缴纳费用，以支付共享实验室的设施和用品费用，该实验室为任何对生物学感兴趣的人提供了负担得起的使用权。

2010 年，只有几个生物黑客实验室。但是，根据相关数据，目前全世界有 60 多个。2015 年，英国健康与安全管理局（HSE）将总部位于伦敦的“生物黑客空间”注册为“GMCentre 3266”，这是该国首个允许任何人尝试基因工程的实验室。

生物小组通常以“车库生物学”开始——就像在现代计算技术的早期，史蒂夫·乔布斯、史蒂夫·沃兹尼亚克和比尔·盖茨等特立独行的人在车库里开发操作系统一样。但这些团体往往会发展得更大。加利福尼亚州的 BioCurious 是一个将 DIY 生物带到硅谷的创业黑客空间。自开业以来，BioCurious 一直欢迎所有人，从开发概念验证产品的企业家到从事科学博览会项目的高中生。这个小组每月增加两三名成员，目前包括人类学家、物理学家和软件工程师。

一个关于生物发光的 BioCurious 社区项目也可被称为“发光植物”，其在 Kickstarter 众筹网站上筹集了 485000 美元。发光植物的前首席科学家凯尔·泰勒博士现在在 BioCurious 管理着一个“植物研究小组”，该小组有 15 名成员参与了 6 个项目。

在大西洋彼岸，生物黑客空间实验室的一个合作项目涉及制作“康普茶饼”。康普茶是由一群微生物产生的，其中最重要的是葡萄糖酸杆菌，它分泌纤维素。与植物制成的材料不同，康普茶饼几乎是纯纤维素。薄的时候，它可以干燥成纸，用在伤口敷料和高端扬声器的音盆上；厚的时候，它就足够结实，可以做衣服——是一种纯素皮革。

另一个项目以“DIY 啤酒试剂盒”的形式利用了家庭酿造的趋势。该试剂盒包括挑选和混合酵母菌株，每种酵母都经过基因改造，使其分子具有奇怪和美妙的味道。生物黑客空间在 2015 年的国际基因工程机器（iGEM）大赛上用它的 DIY 自酿啤酒试剂盒参赛，并获得铜牌。

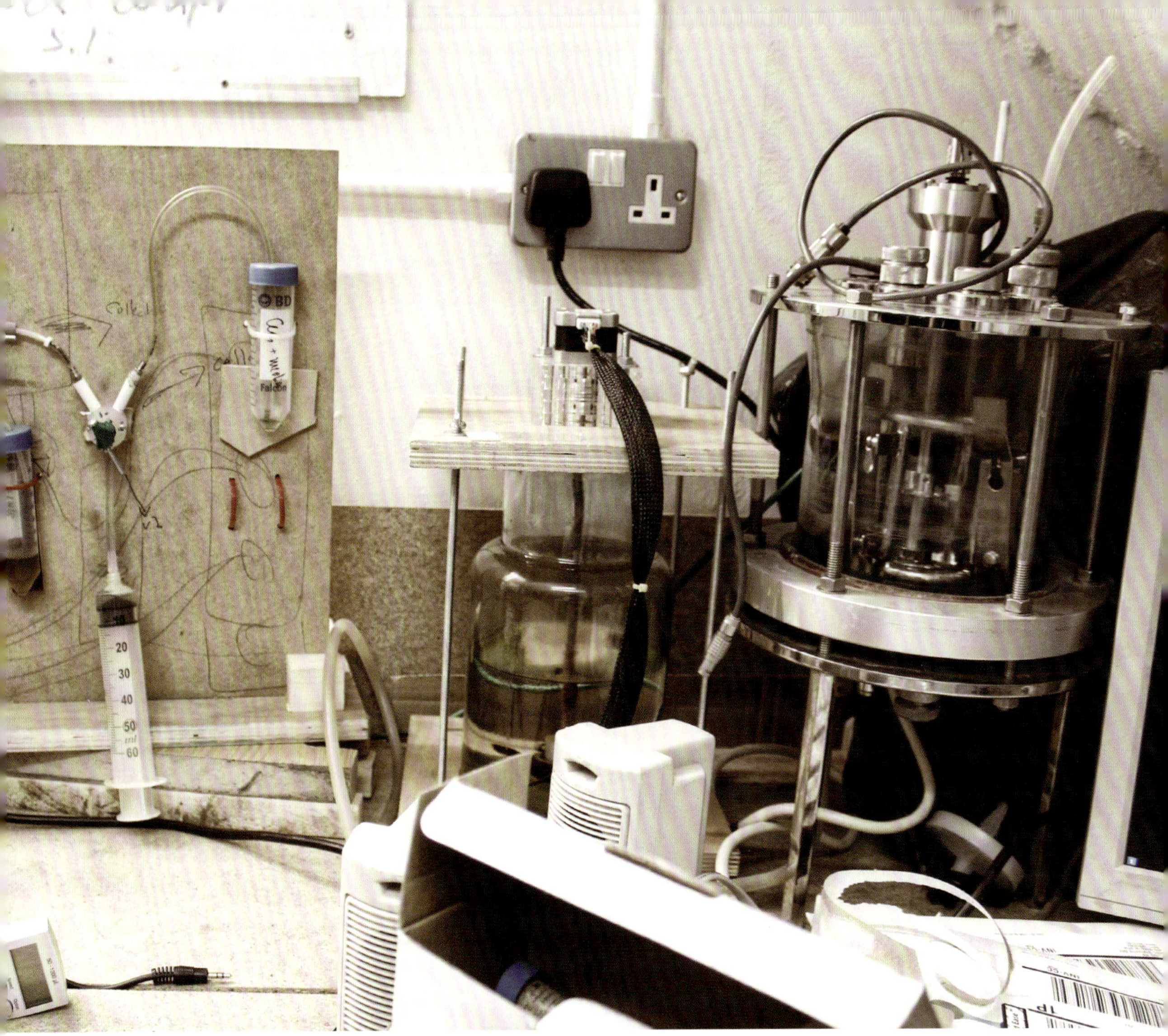

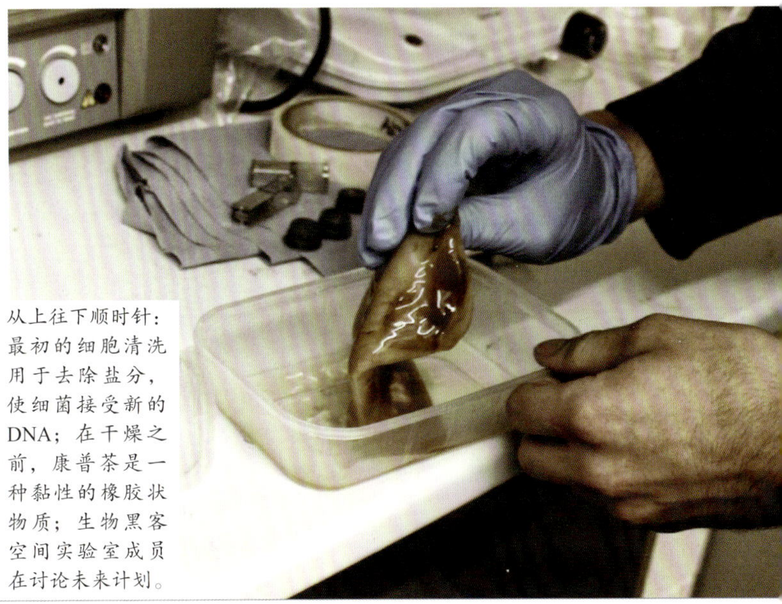

从上往下顺时针：最初的细胞清洗用于去除盐分，使细菌接受新的DNA；在干燥之前，康普茶是一种黏性的橡胶状物质；生物黑客空间实验室成员在讨论未来计划。

“非官方的，我不确定联邦调查局已经来过多少次了。”

DIY 生物小组和 iGEM 与合成生物学有着密切的联系，合成生物学涉及用一组标准零件（被称为 BioBricks 的“基因乐高积木”）建造生命机器。这需要一个工具包，而分子生物学中最强大的新技术是 CRISPR-Cas9 基因编辑系统，称为（CRISPR）。

CRISPR 是 1987 年首次在大肠杆菌中发现的 DNA 序列，这种序列被称为规律间隔成簇短回文重复序列。10 年后，研究人员发现 CRISPR 构成了细菌和其他微生物的抗病毒防御系统的一部分：病毒侵入细胞后，酶会在细胞 DNA 中的 CRISPR 序列之间剪切并粘贴病毒基因组的片段。这就为“向导”RNA 留下了遗传记忆，一旦入侵者回来，一种叫作“Cas9”的酶就可以用来识别和破坏病毒 DNA。2012 年，生物工程师们展示了向导 RNA 可以被重编程以靶向任何 DNA 序列。

与大多数基因编辑技术不同，CRISPR 具有革命性的意义，因为该技术是精确的。它速度快、价格便宜、使用方便，非常简单，即使是业余爱好者也可以使用。

安全起见

任何修补自然的人都会被指控为“扮演上帝”。鉴于有些人对专业科学家的基因改造持谨慎态度，有些人可能会反对业余爱好者干预他们不了解的生物，这是可以理解的。

但即使有了 CRISPR，我们也不应高估生物黑客的能力。“CRISPR 只是一个工具——你仍然必须要了解你想启动和关闭哪些基因，”美国加州大学洛杉矶分校的合成生物学家达伦·奈斯贝思博士解释道，“知识本身是重新设计细胞的最大障碍。”

生物黑客也受到典型 DIY 生物实验室可用资源的限制。诸如酶之类的试剂可能价格昂贵，生产 CRISPR 序列的公司有安全措施，以确保他们不会提供潜在的恶意基因材料。“你不能订购构建埃博拉病毒的序列，”BioCurious 的执行董事、财务主管兼社区参与总监玛丽亚·查维斯说，“没人会把那些基因卖给你的。”

对生物黑客的反对与转基因辩论中的论点相似，讨论了诸如毒株逃逸或恐怖分子设计武器等假设情景。尽管如此，DIY 生物团体还是很重视这一点的。美国联邦调查局（FBI）和国防部等政府机构与 DIY 生物小组保持联系，并派出特工参观实验室。“起初，他们经常来，官方的，至少一个月一次，”查韦斯说，“非官方的，我不确定他们已经来过了多少次了。”

DIY 生物小组也有关于其成员可以合作的规则，内斯贝斯说：“我们有一个合作框架和指南，与在大学开展合作大致相当。”

通过使用 CRISPR Cas-9 系统对这些蚕进行基因改造，它们就能对抗致命的病毒。

J.V. 乔马利博士是生物学家和作家。